聖經研究叢書

*John,*
***the Beloved Disciple of Christ***
*His Life and Writings*

# 約翰，耶穌所愛的那門徒

## 成為蒙愛者的30堂課

張永信 著

▼

聖經研究叢書

# 約翰，耶穌所愛的那門徒

## 成為蒙愛者的 30 堂課

John, the Beloved Disciple of Christ

His Life and Writings

作者

張永信 Vincent Cheung

責任編輯

陳慧

裝幀設計

奇文雲海．設計顧問

■

出版 / 發行

基道出版社

香港沙田火炭坳背灣街 26 號富騰工業中心 10 樓 1011 室

LOGOS PUBLISHERS

Unit 1011, 10/F, Fo Tan Ind. Centre, 26 Au Pui Wan St., Shatin, Hong Kong

電話：(852) 2687-0331　傳真：(852) 2687-0281

網址：https://www.logos.com.hk

承印

陽光印刷製本廠

●



10/2024 初版

Cat. No. LP1113

ISBN: 978-962-457-661-0



Printed in Hong Kong



| 刷次 | 10 | 9 | 8 | 7 | 6 | 5 | 4 | 3 | 2 | 1 |
|---|---|---|---|---|---|---|---|---|---|---|
| 年份 | 2033 | 2032 | 2031 | 2030 | 2029 | 2028 | 2027 | 2026 | 2025 | 2024 |

# 目錄

## 第三部　祂是拉比



## 第四部　祂是先知



## 第五部　祂是神的兒子



## 第六部　祂是人子及基督

## 第七部　序言和後記



## 第八部　約翰書信



## 第九部　啟示錄（一）：序言及第一異象



## 第十部　啟示錄（二）：第二異象

## 第十一部　啟示錄(三)：第三異象



## 第十二部　啟示錄(四)：第四異象及後記

# 末了的話 ｜ 目錄

# 靈思小品 | 目錄

# 簡寫表

## 一、一般作品

*ABD* ︱ David Noel Freedman, ed., *The Anchor Bible Dictionary*, 6 vols. (New York: Doubleday, 1992)

*GAGNT* ︱ Maximilian Zerwick, *A Grammatical Analysis of the Greek New Testament*, trans. Mary Grosvenor (Rome: Biblical Institute Press, 1996)

*ISBE* ︱ Geoffrey W. Bromiley et al., eds., *The International Standard Bible Encyclopedia*, 4 vols. (Grand Rapids: Eerdmans, 1979～1988)

*LKGNT* ︱ Fritz Rienecker and Cleon L. Rogers eds., *Linguistic Key to the Greek New Testament* (Grand Rapids: Zondervan, 1980)

*NIDNTT* ︱ Colin Brown, ed., *New International Dictionary of New Testament Theology*, 4 vols. (Grand Rapids: Zondervan, 1986）

*TDNT* ︱ Gerhard Kittel and Gerhard Friedrich, eds., *Theological Dictionary of the New Testament*, 10 vols. (Grand Rapids: Eerdmans, 1964～1974)

*TDOT* | G. Johannes Botterweck et al., eds., *Theological Dictionary of the Old Testament*, 17 vols. (Grand Rapids: Eerdmans, 1974～2021)

## 二、學術期刊

*JTS* | *The Journal of Theological Studies*

*NTS* | *New Testament Studies*

*WTJ* | *The Westminster Theological Journal*

## 三、聖經版本

《和合》 | 新標點和合本

《新譯》 | 聖經新譯本

《和修》 | 和合本修訂版（和合本 2010）

# 自序

寫完此書，才寫這序言，心中盡是感恩之情。

回想起來，若不是父神那慈悲憐憫的預定，我本來可以不出現在這世上。端此，感謝父神給我有此生可活，並且讓我事奉祂，經歷人生的喜、怒、哀、樂的滄桑，在我兩鬢飛霜的暮年更能深度認識祂，感悟祂同在的神妙。

感謝我主耶穌基督，祂放下身段君臨世間，一生貧窮，更受苦受難，釘身於十字架上，成就救恩，更死而復活，我因而可以活一個有信、望、愛的人生。

感謝生我育我的父母親，他們供書教學，更精心安排，好叫我能在一所基督教小學和中學就讀（培正），我因而在年幼時已接觸基督教，一九六八年更信主受洗。

感謝眾啟蒙前輩，他們分別是國文老師王潔心，大學教授Richard Paulton，學者和作家Ray Anderson、John Dahms、Gordon Fee、Richard Bauckham、Micheal Bird、Larry Hurtado、Stanley E. Porter、周國平、龍應台及張曼娟等。這是一個偌大的羣組，是父神特派，加添我知識的智慧達人，好讓蠢鈍的我能見多識廣，多多累進，啟轉成生命智慧。

感謝我的學生、校友、教友和讀者，沒有你們，我沒有了分享及交流的對象，必然是極度孤陋寡聞，這是何等大的損失。你們的專心好學，求知殷切，使我窩心亦暖心。多謝你們愛心的鼓勵和代禱。

更多謝基道出版社的編輯及所有相關事奉人員，您們的敬業樂業，極其優秀，使我心折。多謝您們成了我多年文宣的伙伴。

進言之，論及我和讀者們的關係，我的勸勉是：追我星者層次不高；視我亦師亦友者屬高層次；憧憬有一天，你能成了本是老師的我的老師，你便是師尊了；這層次高矣。

我的意思是，請努力攀上山之巔，好達成「青出於藍勝於藍」的境界。在此，我非常認同保羅對教會的勸勉：你們就是我的喜樂，我的冠冕（腓四1）。你們活得安好，我便安心了。你們活得優秀，是多麼使我感到驕傲呀。

到了這裏，在數算恩典之餘，我無言了，熱淚更盈眶。

生命本來便是一場爭戰，請不要為名利而戰，不要為自己而戰；要為福音及使別人活得安好而戰。否則，我們倒不如退隱林之深處，或是活在孤島上，為自己畫地為牢好了。

末了，讓我告知你一個祕密：祝福別人，其實也造就了自己。

我還是在戰。

**張永信**

序於香港亞洲歸主協會

二〇二四年八月

# 前言

## 一、屬靈登頂話約翰

在細讀聖經的眾多偉人後，我們不禁會問：「在屬靈造詣上已臻化境的人，到底是怎樣的？」

傳統指出，門徒約翰寫了福音書，共二十一章，書信共七章，啟示錄共二十二章，即總共五十章之眾，資料尚算充分，因此，筆者決意寫他的其人其事。

畢竟，還看門徒之一的約翰，他度過人生超過八十年的歲月，寫下福音書及致以弗所教會的信簡（即三封約翰書信）。在日薄西山，兩鬢飛霜之時，他更要離開事奉多年，繁囂喧嚷的大都會以弗所，被流放至偏遠的拔摩荒島，可在看來孤絕的環境裏，卻沒有消磨掉意志，反而在靜穆中透過聖靈的感動（啟一10，四2），深悟萬物的真相。

他是愈老愈老練，滿有素養和氣質，終領受關乎世界末了的四大異象，然後寫下他的驚世之作：啟示錄。

在異象中，他竟有幸能目睹神兒子（即人子）的神性威榮（比起摩西只能一瞥神的項背；見出三十三20～23），更透析人類終局的命運。換言之，人生雖是變化萬千，轉折非常，好一個

「九曲十三彎」，但約翰心靈活動的軌迹，卻橫跨天地，來去如風，更憑風寄意，寫下耶穌基督的啟示。

憑風寄意的風，是指來去如風的聖靈（參約三8～9），換言之，在靈裏（見啟一10，四2，十七3，二十一10），約翰穿梭於天地之間。

約翰的屬靈生命極有深度，他的著作更是精湛深邃，靈意深遠，可說是「仰之彌高，鑽之彌堅」。

啟示錄中的異象，最先出現的是人子耶穌（一12～20），榮耀的主成了約翰心中惟一的大人物。如是者，約翰才敢於面對失去自由，甚至生命安危，只求莫忘初心，活出本位，與主肩並肩，乘風破浪，揚帆至水深之處。

事實上，在古時，寫作是一件極難的事，疊加以在孤島上物資的短缺，約翰仍然殫精竭力地寫下長達二十二章的信函，然後找來信差，送往七地教會。換言之，他充滿鬥心，勇於突破生命中的重重攔阻，為要成就畢生召命。

這召命便是：這世上，還有一些與他結緣，極需要他守護的屬神子民（例如七教會）。他這份事奉主的心火燃燒熾烈，使他輕看世上的一切苦難。

使徒保羅不也是有此領悟嗎？他在腓立比書一章23至24節有此感言：我正在兩難之間，情願離世與基督同在，因為這是好得無比的。然而，我在肉身活著，為你們更是要緊的。

換言之，為了教會，保羅務必好好地活下去；門徒約翰亦然。

傳統指出，門徒約翰終能離開拔摩這孤絕之地，然後再戰江湖。

有一說法，指約翰終為主殉道，埋於以弗所的黃土地裏。

約翰愛主的心，縱使走遍天涯海角也不渝。也因著這份心中的愛火，本是漁夫的他，竟然成就了神國的豐功偉業，寫下了事奉輝煌的篇章。

## 二、走出陰霾，誰能辦到

我們都希望人生路上鋪滿鮮花，但往往卻是沙石泥濘。也許，生命中最可怕的，莫過於死亡的脅迫，一如約翰因信仰而被流放至拔摩島，前途未明，看來是凶多吉少了。換言之，拔摩島看似是一個死局。

也許，我們的通病，便是我們都「活在當下」，這便難免被四周的環境影響。如果環境變得惡劣，困局連連，我們便會好像被卜了緊箍咒似的，完全不能自已。換言之，我們大都被困於當下，被負面的情緒掩埋，難於自拔。

有愛情小說描寫一對男女相親相愛。男的是來自基層家庭（父親是開水果店的），卻活得瀟灑自在；女的來自名門望族（父親是國會議員），在上流社會卻活得孤苦。

在熱戀中，雖然二人努力堅持，苦苦經營著這段感情，終敵不過社會那牢不可破的階級觀念，二人最終被迫分手。

分手時，男方熱淚盈眶地向女方表白：「我滿以為可以救你脫離你本活得痛苦的牢獄，卻想不到把你陷在另一牢獄中。」

看來，人生不論如何轉折，總離不開被困於當下，有如身陷牢房，不能自已。

不過，這也並非定律；且看清朝乾隆年間出現的一位文豪：袁枚。

古代中國是一個以官為本位的社會。再者，士農工商是以士先行，表示當時凡有志者，都以求取功名為人生一大目標。按此了解，天才橫溢，思想敏銳的袁枚，自然亦是以此為人生目標。

他年二十四中進士，曾當上多個地方的縣令。他為官清廉，甚得百姓愛戴，然而仕途並不順遂。

最後他發現到，為官清廉，拒絕信馬由韁，隨波逐流，是不容易的。於是，過了好一段為官的生涯，他終於意興闌珊，三十八歲時便罷官而去。仕途沒有了，看來前途也斷送了。

然而，情況並不只是這樣。早前，袁枚在南京買下一久被廢置的園地，然後築室定居。辭官後，他便在這園林過著閒適的生活，寫下不少清朗的詩詞和散文，自號為「蒼山居士」。繼而，他更把精力放在「投資物業」上，終成了巨富。

在悠逸的田園生活裏，他對生命的意義大有心得，不單憑詩文寄意，還寫下洋洋灑灑凡兩萬字的食譜《隨園食單》，儼然是美食達人。在古代，能寫下食譜名著者，寥寥無幾，袁枚此舉可說是一大創舉，《隨園食單》更常被引用。

如是者，他成了有名的詩人、文學家和美食家，更換來「乾隆才子」及「隨園先生」等雅號。

在此，華人作家馮唐如此形容袁枚：「他一退五十年，是士大夫中退休生活最精彩的一個。」[1] 接下來，馮唐如此總結袁枚：「他成了一個鮮活而自在的人。」[2] 袁枚活到了八十三歲，壽高年邁而終。

誰想到，人生路上，失去一方的雲，卻可換來一片天。端此，如果活得不稱意，我們不妨仔細地評估形勢，研想未來種種可能出現的機遇。也許，另闢蹊徑，路上變得紅花綠草，和風吹拂，風光旖旎，我們又變得興致勃勃，努力奮戰，迢耀千里。

在這變幻莫測、風高浪急的年代，我們有必要時刻保持清醒，於情緒上淡然自若，於理性上冷靜地思考未來，才能處變不驚，好好規劃人生。

有道是：「大鵬展翅隨風起，扶搖直上千萬里」。在聖靈之風的吹拂下，我們或可走出眼前的陰霾，開墾新天地，活在真理中，從容自在，幸福感自來。

## 三、城市與田園生活的相輔相成

有人說，繁忙的城市生活，大都是枯燥乏味，支離破碎。然而，我們大都活在城市中，要退居田園，換來青山綠水、鳥語花香的生活，又談何容易。

話說有一公司總裁，因業務節節上升，壓力也益增，結果夜夜無眠。他心知不妙，因為長此下去，他的身心靈健康必受重創，後果堪虞。後來，他聽說有一隱世高人，住在林之深處。於是，他下定決心，前去拜訪。

他駕車三個多小時，然後再步行了一小時多，才來到高人的住處。在羣山環抱，古木參天的莽莽山林中，眼前出現了一小茅舍，門前的園庭種了很多奇花異草，如蒼松、翠柏、碧梧和修竹等，應有盡有，可見高人終日與樹木為伍。此時，高人正在打掃門庭。

總裁走前，在寒暄數句後，便開門見山説：「老師，我是某公司的主持人，因工作壓力很大，無法排遣，如今更徹夜難眠，特來請教，應如何處理這問題？」

高人淺笑地對他說：「明白，你日理萬機，工作辛苦，自然是身累心更累。」

沉默片刻後高人續稱：「不如這樣，只要你能常常來到我這裏，助我修剪草木，到了滿三十次，保證壓力不再困擾你。」

總裁聞之大喜，於是安排了每十天便前來一次，並花一整天的時間和高人一起修剪草木。時間不斷向前推移，三十次的期限已到，但總裁仍感到壓力揮之不去。

於是他反問高人：「今天已滿了你所說的三十次，怎麼我所面對的壓力猶存？」

高人氣定神閒地回答：「其實，我要求你這樣做，是有兩大意思。首先，你自己的身心靈必須遠離壓力現場，才能減壓。其次，在修剪草木的過程中，你應該有此領會：修好了的草木，過了多天又再生長出來，必須重複修剪。此現象是在告訴你，活在世上，面對生活，有壓力是自然的事，儘管你把今天的事處理好了，明天又有新的壓力來到。所以，處理的方法是把壓力管理好。換言之，只要壓力受控便可。」

高人續稱：「控制好壓力，不要讓壓力操弄你。換言之，你是獨立自主的人，不要把自己降格成為壓力的奴隸。」

聽後，總裁有所領悟，決定把十天來一次，增加至每逢週末都前來。如是者，總裁學曉了與壓力共舞。他的套路是：暫且撤離大城市，改變一下生活模式，走進園林中，來一個偷得浮生半日閒，心靈因而煥然一新，工作效率也大大提升了。

話說回來，約翰長時期事奉於當代的大都會以弗所，後來被迫離開（見啟一9），進到荒野之地拔摩，心靈空間卻因這磨難而大大擴充了，更意想不到地喜獲末世的四大異象，其筆下的名著啟示錄，更是千秋萬世。看來，這跟約翰能撤離城市，退居荒野也不無關係。

繁忙的城市生活，天空是灰暗和黝黑的，其成了生命成長的障礙。我們有必要提高警覺，然後作出調整，進入寧靜處，讓聖靈抓住我們的心靈，洗滌我們的俗心，以免我們在忙碌生活中，心靈變得麻木，思想混亂，生命失控，活得支離破碎。

## 四、心動一時，感動一生

其實，當我們蒙主呼召，作祂的門徒，我們從此便注定要活一個不一樣的人生。但問題是，我們大都缺少那一道啟蒙的靈光。

願這書甦醒你、啟蒙你及更新你，使你深度感悟如何活出一個更自在、舒坦和精緻的人生。

更願你在看畢此書後：「先是心動一時，後是感動一生」。

感動一生，是因為約翰所深愛的主大大地感動了你。這感動是來自祂的深情厚愛，對我們無條件的守護。在此，懇請你抽離密集的生活流程，硝煙滿天的職場競爭，進入夜闌人靜處，好讓心靈與復活主素顏相對，深度感悟祂那無條件的大愛——此愛的感動，使你我生死不渝地愛著祂。

這是回酬，是愛的互動。從此，復活主成了我們生命的良伴，朝夕相對，形影不離。我們也因而活得更強大了。

在這裏為你送上摯誠的祝福。

# 第一部

# 約翰小史

# 1 家庭背景

門徒約翰此名字，在新約中出現凡三十次，可見他的名字為初期教會所熟識。

福音書指出，西庇太有兩個兒子：雅各和約翰（太四21；可一19）。

留意跟隨耶穌的十二門徒中，有二人是來自西庇太的家族。換言之，西庇太把他的兩個兒子，都交給耶穌作門徒；哥哥是雅各，約翰是弟弟。

這位弟弟，即門徒約翰，傳統指出，便是他寫了福音書、三封書簡及以啟示文體為格調的啟示錄。[1]

父親是西庇太，那約翰母親又是誰？

馬可福音十六章1節記述，有一羣婦女買了香膏，要來膏耶穌死後的身體：過了安息日，抹大拉的馬利亞和雅各的母親馬利亞並撒羅米，買了香膏要去膏耶穌的身體。繼而，馬太福音二十六章55至61節記述了，有一羣從加利利來的婦女，她們忠虔篤敬地跟隨著耶穌。她們不單遠遠地觀看耶穌被釘十字架，還要來服事祂，看看還可以為死去的耶穌，她們所敬重的拉比作些甚麼。

留意馬太福音二十七章56節的一句：內中有抹大拉的馬利亞，又有雅各和約西的母親馬利亞，並有西庇太兩個兒子的母親。對照上文馬可福音十六章1節的名單，西庇太兩個兒子的母親，大有可能便是撒羅米。

端此，約翰的父親是西庇太，母親便是撒羅米了。

換言之，對比起其他門徒，[2] 惟約翰父母的名字，均出現在福音書中。

留意凡名字出現在聖經中的，都顯出其重要性。由此可見，雖然約翰只是十二門徒之一，但他來頭倒是不少。

此外，在古時，人都喜歡以父親之名，為其兒子定格，[3] 正是「有其父必有其子」。至於女兒，很多更以其父親名字為基礎，然後改寫成一女性名字，如父親是亞基帕（Agrippa），女兒便叫亞基帕娜（Agrippina）；父親叫奧大維恩（Octavian），女兒便叫奧大維亞（Octavia）等。[4]

更重要的是，大家會認為，如果父親有聲譽，其品德和能力都出眾，兒子及女兒自然也是如此。按此了解，福音書經常以西庇太的兒子來形容約翰，映現著西庇太在當時社會上是頗有聲望的。

在此，留意馬可福音一章19至20節，記錄了耶穌在其開始傳道時便招攬門徒。耶穌呼召約翰為門徒的過程如下：耶穌稍往前走，又見西庇太的兒子雅各和雅各的兄弟約翰在船上補網。耶穌隨即招呼他們，他們就把父親西庇太和雇工人留在船上，跟從耶穌去了。

換言之，最早期被召者，是在那波光瀲灩的加利利海之濱，以捕魚為生的兩對兄弟（即共四位）；先是彼得和安得烈兩兄弟，繼而便是西庇太的兩個兒子，雅各和約翰。

按經文指示，雅各是先被提及的（見太四 21；可一 19，三 17），故雅各應該是兄長。不過，當路加福音記述二人的名字時，卻以約翰排先（見路八 51，九 28；又徒一 13）。端此，路加似乎是要表明，約翰的名聲超越哥哥。

傳統指出，約翰寫啟示錄時，已屆一世紀九十年代中。[5] 那時，凱撒多米田（Domitian）要求全國人民敬拜君王，此舉不為教會接納，信眾因而大遭打遏，約翰因而被流放至拔摩島。這距離昔日耶穌呼召他之時（大概是公元 25～26 年間），瞬間已過了近七十年。端此，約翰在寫啟示錄時年屆八十有多，可見在耶穌的十二門徒中，約翰大有可能是當中最年輕，且活得最長命的一位。

留意上文所指出，當兄弟二人放下捕魚工作時，是離開了他們的*父親西庇太和雇工人*（可一 20）。*雇工人*[6] 也可解作勞工，其乃眾數，故應作**勞工們**。在此，我們推想，西庇太家族大有可能擁有一支捕魚船隊，雇用了不少勞工。事實上，在古時的巴勒斯坦，肉類頗為罕見，魚乃主要的肉類食品，因此，捕魚此行業的前景是瑰麗的。[7] 觀此，西庇太的捕魚事業是大有可為，他大有可能是漁業鉅子，是成功的殷實商人，並因而聲名大噪。

若是如此，則約翰是來自一頗有背景的原生家庭。

約翰與兄長雅各跟父親一起經營漁業，並從中學習這門手藝，例如捕魚工具的維修（即補網；見太四 21）、捕魚的技巧、銷售漁獲的門路等。這一點，也許解釋了約翰福音二十一章 11

節作者（即約翰）何以會清楚表明，按耶穌指示來捕魚，所得的漁獲共一百五十三條之多。在此，學者卡森（D. A. Carson）說得好：「數點魚有多少，是用作分給同時工作的各人，及準備把魚售賣出去。」[8]

這麼多的魚，照理漁網可能會因過分負重而破裂，然而，這一次卻是：*魚雖這樣多，網卻沒有破*（約二十一11）說起來真的有點迷離徜恍，不可思議。畢竟，約翰的意思是清楚的；這裏出現了兩大神蹟：漁獲出奇地豐富，漁網出奇地堅韌。[9]

如此細膩的觀察（留意魚的數量及網的堅韌），顯出作者是箇中高手。[10]

此時的約翰，大有可能是一韶華少年，皮膚黝黑，樣子俊朗，活得瀟灑，正好是春水初生，春林初盛，春風十里。不過，父神為他有更好的安排，在不久的將來，於加利利的海濱，他將邂逅救主耶穌，更被招攬為徒，好叫他能活出最好的自己，成就非凡。一切既夢幻也踏實，這是他做夢也想不到的。

說到底，凡放下一切跟隨主的，便有如門徒約翰，必將經歷一段做夢也想不到的生命之旅。雖然追夢的人生是周折不斷，但有主同行，便永不孤單。

# 2 師承施洗約翰及耶穌基督

當耶穌出現，展開其事奉時，施洗約翰早已在猶太人當中掀起了一場極為轟動的信仰復興運動。

表面看來，施洗約翰好像橫空而出，震驚全場，其實他是一背景顯赫的人。

施洗約翰的父母都是來自祭司家族（路一5；留意祭司在猶太羣體中是備受尊崇的）。由於他來自曠野，學者們都相信，施洗約翰是與隱居曠野的猶太宗教羣體有關，其中如愛色尼人（Essenes），或是昆蘭社團（Qumran community）。據研究，要加入這些隱世族羣，是需要接受一以水潔淨自己的禮儀（即洗禮），這也許是約翰及後給人施洗的背景。

愛色尼人過的是曠野的原始生活，其目的，便是要遠離塵囂，活得孤高，好潔身自愛，敬虔度日，專心等候彌賽亞的來臨。屆時，作為神的子民的他們，便能復興過來，重新建立有如大衛王朝的國度。[1] 他們更相信，彌賽亞最先出現的地方便是曠野，[2] 故他們便在曠野守候，駐足於荒漠，殷切地盼望和等候著。

施洗約翰便是在這份濃烈的宗教氛圍中長大。路加福音一章80節的一句：那孩子〔指施洗約翰〕漸漸長大，心靈強健，住在曠野，直到他顯明在以色列人面前的日子，乃響應著這一點。

施洗約翰以洗禮見稱，故他被稱為施洗者（baptizer），這也是施洗約翰（John the Baptist）此尊稱的由來（可一4，六14、24）。他的洗禮，並不只是表示要有禮儀上的潔淨，還要以心靈上的悔改作配合，故他的洗禮被稱為「悔改的洗禮」（baptism of repentance；可一4）。

此做法於當時是具顛覆性的，因為對於猶太人來說，惟外邦人才被認為是不潔淨的，他們才需要悔改洗禮，並要加上行割禮(割禮是神子民的記號)，才算是得著潔淨，被視作神的子民。

如今，作為神子民的猶太人，竟然也要悔改，受約翰的洗禮？實在是太不可思議了。事實上，**悔改**（*metanoia*）一詞原文意思，便是思想上的逆轉。[3]端此，約翰是要求自以為是、活得安好的猶太同胞們改變其思維模式，再不能頤指氣使、不可一世，自以為是神的子民，便可坐享其成；實情是大家有如鍋上之蛙，神的審判快要來到（太三7～10）。

話說回來，若愛色尼人或是昆蘭社團的洗禮，是加入其團體的一項儀式，那麼，施洗約翰的洗禮，到底是要領洗者加入甚麼組織呢？而事實上，的確是有一羣忠實跟隨者組織起來，跟隨著施洗約翰。換言之，雖然不少人領洗後便離去，但亦有人因而留下來，成為約翰的門生，組成一羣體（見太十一2，十四12；約一35）。這現象最合理的詮釋，便是只有那些認真於信仰，熱切期望彌賽亞及天國降臨的人士，才願意加入施洗約翰所領導的門徒羣體。

總的來說，施洗約翰的工作主要有四：

（1）為族人施洗。
（2）為耶穌施洗。
（3）宣講神的國快要來到，人應該悔改，然後領洗作為回應。[4]
（4）他把耶穌推薦給自己的得力門徒。

按此了解，約翰以施洗而聞名，他為耶穌施洗尤為特別。按理耶穌應為他施洗，因他也是罪人，然而，耶穌卻要求受約翰的洗，原因主要是，此舉是盡諸般的義（太三 15），義是指神的旨意，故此舉是一順從神意旨的行動。[5] 因為神的旨意，便是耶穌在受洗後，聖靈能無限量地降在祂身上（約三 34），父神也從天上發聲，宣告耶穌是自己的兒子（太三 16 ~ 17）。留意，這裏是父、子及聖靈，即三位一體的神同時出現，目的是要說明，父神是公開地宣告耶穌是祂的兒子，以致在場人士，包括施洗約翰，便篤定耶穌是神的兒子無疑（見約一 32 ~ 33）。由此可見，施洗約翰促成了耶穌身分的確定；他是切切實實地在為耶穌鋪路。

除了施洗外，施洗約翰還不斷地以先知的聲音，在寂靜的曠野中揚聲吶喊：神的國近了。你們當悔改……（可一 15；太三 2）。這撕心裂肺的呼聲響遍整個巴勒斯坦的大地，這強而有力的信息傳遍四方，甚至遠至耶路撒冷及整個猶太地（太三 5）。施洗約翰亦終於驚動了耶路撒冷的權貴，派出特遣隊前來窺伺，要了解這到底是怎樣的一回事（參太三 7）。

施洗約翰力陳，在人看來，雖然他儼然是一位很有魅力的先知（留意太十一11），但其實他只是在為那快要來的彌賽亞預備道路（約一19～23）。因為只有彌賽亞，才有權柄賜下聖靈（路三16～17；約29～34）。[6] 換言之，他的洗禮是外在的，只有彌賽亞，才能賜下更新生命的聖靈。

抑有進者，當施洗約翰遇上了耶穌，他向旗下的門徒力薦耶穌。他力證這位耶穌，便是他素常所提及的，那快要來的一位（見約一29、35～36）。

換言者，射燈不應照著他，因為主角是耶穌。如果說施洗約翰活得閃亮，那快要來的一位更甚；祂的閃亮，是皎潔如朗月，明亮如日星，奪目至極。

因為祂是世界的光（約八12）。

說到底，施洗約翰把自己最得力的門徒，一一推薦給耶穌，讓他們跟隨祂。

觀此，我們有理由相信，在耶穌呼召彼得和約翰等人作門徒之先，藉著施洗約翰的穿針引線，他們之間是早已認識的（見約一35～40）。換言之，門徒約翰是早已跟隨施洗約翰，是施洗約翰的門徒。端此，在作耶穌門徒之先，門徒約翰跟隨施洗約翰已有好一段日子。

留意約翰福音一章37節的記述。有兩個門徒，他們本跟隨施洗約翰，因著施洗約翰的介紹，結果：兩個門徒聽見祂的話，就跟從了耶穌。其中一位是彼得的兄弟安得烈（約一40），另一位作者沒有明言，但他大有可能便是門徒約翰。

且看以下支持其是門徒約翰的理由：

（1）耶穌最早期呼召的門徒，便是安得烈及他的兄弟彼得，並雅各和約翰（見太四 18～22）。在此，安得烈已出現（約一 40），稍後，他更把耶穌介紹給他的兄弟彼得。安得烈是這裏兩個門徒中的一位，那麼，另外的一位，必然不是彼得。餘下的，便是雅各或是約翰。

（2）約翰的名字，與施洗約翰同名，為著避免混淆視聽，他才不表明自己的名字也叫約翰。

（3）這段關於施洗約翰如何推薦耶穌的描述，記錄得頗為細膩，反映其乃目擊者的實錄。因此，我們有理由相信，作者門徒約翰是在場的。

此時的門徒約翰，沒有以「耶穌所愛的那門徒」自稱，因為此時的他，仍是施洗約翰的門徒。畢竟，當耶穌呼召門徒約翰等人時，他們已從施洗約翰那裏學習敬虔之道，心中對神國的降臨和彌賽亞的出現，是殷切地期待著。由此可見，雖然約翰等人跟從在世的耶穌只有約三年的時間，但他們學習真道，作門徒的日子，是遠超過三年。

總的來說，藉著施洗約翰，門徒約翰早已認識耶穌，並且已和耶穌建立了亦師亦友的關係。直到施洗約翰下在監裏（見可一 14），耶穌和門徒約翰再相遇於加利利海之濱（見可一 19），如是者，他和雅各等人便下定決心，毅然放下所有跟隨主。他們更躊躇滿志，隨著耶穌走南飄北，闖蕩江湖，習練作天國門徒之道。寒來暑往，春秋交迭，門徒約翰是終其一生，生死不渝地跟隨主。

再言施洗約翰，他的影響著實巨大。

馬太福音三章5至6節表明：那時，耶路撒冷和猶太全地，並約旦河一帶地方的人，都出去到約翰那裏，承認他們的罪，在約旦河裏受他的洗。此言誠然有點誇張，但也足見施洗約翰的影響巨大。還有的是，初期教會的著名傳道人亞波羅也深受施洗約翰的影響（見徒十八25），而當保羅的第三次宣教於以弗所時，他亦遇上了一羣受過施洗約翰洗禮的人（共十二人；見徒十九1～7）。談及以弗所，此城大概是約翰寫其福音書的地點，那時大概已是在公元八十年代。福音書內多次言及施洗約翰的其人其事（約一5、15、19～36），反映了當約翰在以弗所寫福音書時，施洗約翰的影響猶在。[7]

畢竟，施洗約翰出現的日子不多，事奉的年日苦短。他恍如一顆畫空而過的彗星，閃耀奪目，雖然很快便焚燒殆盡，卻燃炸著當時代，燃亮人的生命。在此，門徒約翰師承於他，後再受教於耶穌，這兩位恩師的生命，都成為門徒約翰的人生學堂，使他獲益良多，再加上內住的聖靈，他的內在生命更新不斷。

當年邁的約翰寫啟示錄時，這時候儼然是約翰的黃金歲月，他是愈老愈老練，屬靈生命更是「登頂」。他果然不負兩位恩師的栽培和期望。

末了，回顧施洗約翰的一生，他所以有別於其他的愛色尼人，是在於他不甘只作隱世高人，自鳴孤高於曠野。他回應了神的召命，走到曠野邊沿的約旦河，在那裏與初出道的耶穌結伴，來一個強強聯手，好成就父神的救贖大計。按此了解，作隱世高人只可算是一項裝備，父神的旨意是要祂的眾僕人入世而不屬世，好完成人生的召命。

留意，愛色尼運動出現只兩個世紀，便消失於歷史的時空中，惟耶穌運動卻如星火燎原，席捲整個羅馬帝國，後來更昂然穩立於普世，主要分別也是在於前者只求避世，好能獨善其身；後者卻是入世而不屬世，好服事眾生，成就父神的召命。

| 靈思小品 |

## 雷子變身愛的使徒

還有西庇太的兒子雅各和雅各的兄弟約翰（又給這兩個人起名叫半尼其，就是雷子的意思）。（可三17）

耶穌呼召共十二人成為祂的門徒。那時，祂給予雅各和約翰二人的別號是雷子（sons of thunder），這也許是反映了這時的約翰（及雅各），是性格剛烈，急躁求成的鹵莽之輩。

然而，經過耶穌的培訓，加乘以人生歲月的錘鍊，事奉生命的陶造，約翰內在生命不斷地更新，稜角一一被削去，他蛻變成「愛心的使徒」（apostle of love），這生命的華麗變身，是何等的不可思議。

畢竟，以雷子的原始生命，過著懵懂的生活，即使是用盡洪荒之力，約翰也難於有成。

在此，讓我們看看一個大盜變傳道的真實故事。

呂代豪，台灣新竹人，一九五四年出生，曾入讀陸軍學校，後因品德欠佳而被逐，結果與黑幫為伍。

一九七二年因參與黑社會大械鬥而被追捕，從此亡命天涯，更成為出類拔萃的殺手。

結果多次被捕入獄又越獄。

在最後一次的牢獄中，他生命改變了。

坊間有此說法：與他一起坐牢的一位江湖大人物，忽然患上癌病，很快便離世。他頓然感悟自己能否活下去也不一定，足見生命的脆弱，又適逢在獄中他收到一位陌生女子前後共約二百五十封的來信，都是勸他要相信耶穌（這位女子後來嫁給了他）。

如是者，他深受感動，終皈依基督。

出獄後，他痛改前非，決心成為傳道，後更遠赴美國深造，成為牧師，一生以傳道為己任。

好一個強盜變傳道的傳奇故事。

## 深度反省

至於我，從來不是強盜，不可能有如此戲劇性的故事。不過，我與呂代豪一樣，有著不堪的往事。

猶記得往日的我，在事奉的路途中曾受了傷害，夢想破碎，失望亦失落。

萬般傷痛在心頭，我終於不支倒下，好像倒在自己的血泊中，又好像掉進了千年冰窖，身體和心靈都凍僵了，奄奄一息。

我停了掙扎，淚眼矇矓地對主說：「主啊，我實在倦透了，前路也茫茫，我不行了。」

祂卻柔聲地對我說：「我兒，我明白，你負傷極重。但這不要緊，我是大能的醫生，有起死回生之能；我必能把你治癒，你只要相信我便行。」

祂續稱：「我知道你心死了。但你記得嗎？我也曾死去，並且是慘死在十字架上，如今卻活過來。」

「我很愛你，很在乎你，我死也是為了救你，活著是為了守護著你，你知道嗎？」

祂不斷地耳語，好像把我輕輕抱在懷中，溫暖了我冰凍的心，盡顯祂那不離不棄的大愛，如是者，我心中的萬般哀愁潺潺地流走了。未幾，我下了決心，在轉過身來之後，背著往日的傷痛，朝著未來的種種可能和機遇，與主同步前行，結果生機也漸現。

說到底，主的教導和大愛感動了我，如是者，我揮別了失色的過去，告別了失意的內心，跳出了凡塵，走進祂裏面。自此，我存在於祂的存在裏（in Him I live），生命更因而飛躍（quantum leap）。

這便是今天的我。

讓我告訴你，大盜變傳道，其套路也是在此：被主大愛所吸引，活在祂生命裏：「我們存在於祂的存在裏」（in Him we live）。

這種存在方式，使我們再沒有昔日那份好像不存在的存在感。活著變得自由自在，歡樂踏實，充滿感恩，存在感濃郁強烈。

總而言之，請留意耶穌的這一句：……人若不重生，就不能見神的國（約三3），可見真門徒不是扮演出來的，而是蛻變而來的。

大道至簡，只要心中有主，生命便因而重生。

換言之，沒有靈裏的重生(約三 5)，我們難成大器。

## 禱告

求主改變我的生命，使我裏外都更新，活出新生命。

# 3 蒙主呼召作門徒

留意路加福音五章 1 至 11 節，是記錄了當耶穌呼召約翰及彼得等捕魚人士時，當中出現的一個神蹟。[1]

事情發生在革尼撒勒湖邊，即那水天相接的加利利海濱。那時，耶穌已享有赫赫威名。慕名前來一睹祂的神采，聆聽祂教誨者眾。因為人數眾多，耶穌便上了彼得的漁船，把船駛離岸邊不遠，向聚攏於岸上的羣眾宣講。

稍後，耶穌指示彼得把船駛往水光瀲灩的湖之深處，然後下網捕魚。拉上來時，網裏竟然盡是活魚，作者形容：……就圈住許多魚，網險些裂開，便招呼那隻船上的同伴來幫助。他們就來，把魚裝滿了兩隻船，甚至船要沉下去（路五 6～7）。

目擊這神奇的經歷，約翰及在場人士必然大感驚訝。留意作者表明，在場的還有西庇太的兩個兒子（路五 10）。就在此時，耶穌向他們發出了呼召：來跟從我，我要叫你們得人如得魚一樣（太四 19）。我要叫你們得人如得魚一樣，原文是**我要把你們打造成得人的漁夫**（I will make you fishers of men）。

值得留意的是，約翰福音十章 41 節表示，施洗約翰從來沒有行過神蹟，而作為跟隨施洗約翰良久的門徒約翰，在此蒙召之時，卻目擊耶穌所行的神蹟，一個神奇的捕魚經歷。耶穌實在是教人驚為天人。回應祂的呼召，成為祂的跟隨者，看來就是順理成章了。

端此，路加續稱：他們把兩隻船攏了岸，就撇下所有的，跟從了耶穌（路五 11；又太四 20、22；可一 18）。[2]

當約翰寫他的福音書，在結束的篇章中，同樣是以一打魚的神蹟為焦點，現場同樣是有彼得和約翰（約二十一 4～11；還加上其他的門徒，包括多馬、拿但業、雅各及另外兩個門徒〔見約二十一 2〕）。由此可見，作者是要表明，昔日耶穌曾應許要約翰成得人的漁夫，此情將不變，儘管救主快要升天而去，祂仍使門徒漁獲甚豐，其意思是主的應許必不落空：門徒必作得人的漁夫。此後，復活主要藉著另一位保惠師，即聖靈的幫助，叫門徒能與復活主在靈中相遇，其情況就如枝子緊接著葡萄樹（約十五 1～8），是一份生命的交融，門徒（包括約翰）等人必能成就未來福音工作的輝煌。

在訓練門徒的過程中，耶穌特選約翰，連同他的兄長雅各，再加上彼得，組成了門徒羣體中的特訓三人組，緊跟著耶穌。

且看以下的臚列：

（1）馬可福音一章 29 節表明耶穌帶著約翰和雅各，家訪彼得。

（2）馬可福音五章 37 節及路加福音八章 51 節，記載了耶穌醫好管會堂者的女兒，當時只有他們三人在場。

（3）馬太福音十七章2至3節，馬可福音九章2至4節及路加福音九章28、31節，表明目擊耶穌在山上變了形象，彰顯祂的神性者，亦只有這三人。

（4）馬可福音十三章3節指出，耶穌登上橄欖山，預言聖殿的命運及末世的世情。耶穌有此論述是基於有四位門徒追問耶穌，聖殿是何等宏偉壯觀，怎可能落得全然崩壞破落的下場。追問的門徒，便是這三人組加上彼得的兄弟安得烈。換言之，耶穌的橄欖山論述，其主要的學習對象，便是約翰等四位門徒。

（5）馬可福音十四章33節及馬太福音二十六章37節，記錄了快要被捉拿、受審及被釘十架的耶穌，找著這特訓三人組跟祂一起進入客西馬尼的園中，在那裏禱告仰望父神。在此，馬太福音二十六章38節記述了耶穌向三人所說的話：……我心裏甚是憂傷，幾乎要死；你們在這裏等候，和我一同警醒。在此，耶穌的人性盡然顯露，那未來釘十字架的苦楚，實在使人心悸。作為人子的耶穌，也感應到其可怕，心情自是如臨大敵，忐忑不安。祂分享其心靈底處的驚恐，誠盼這三人組能明白祂的處境，跟祂一起警醒禱告，並肩作戰。

說到底，這蒙主所愛，被主青睞的特訓三人組，他們與主的關係是彼此互動的。一方面他們因而能深度認識神的兒子耶穌，另一方面，降世為人的人子耶穌也以他們為親密戰友，彼此靠攏在一起，迎向未來。

留意約翰福音十五章14節的這一句：你們若遵行我所吩咐的，就是我的朋友了。換言之，救主是亦師亦友地與門徒三人交往，好一個「生命影響生命」的門訓之道。

然而，在作主門徒的悠悠歲月裏，一如其他門徒，吃的是人間煙火，活的是浮華世間，故此門徒約翰亦有其不堪的一面，例如：馬可福音十章35至45節記錄了當耶穌上耶路撒冷，快要面對壯烈犧牲，被釘十架時，西庇太的兩個兒子，即雅各和約翰私下約見耶穌，意思是著祂一旦登基為王，千萬別忘記要冊封二人，成為股肱之臣，因為他們是造王者。這一點，顯出了他們的想法，是和一般人無異：希望他們的付出，能換來等量的成果——功成名就。

事實上，兄弟二人一路跟隨主，已付出莫大的代價，盡見二人的忠心。留意馬太福音二十章20至21節表示這冊封的要求，其實是來自二人的母親，即母親帶同兒子們，一起覲見耶穌。另外留意，路加福音八章1至3節記錄了在跟隨耶穌的人羣中，有一羣婦女，用自己的財物供給耶穌和門徒（八3）。在這羣婦女中，約翰的母親自然也在其內。換言之，西庇太的家族鼎力支持耶穌的事奉；他們出錢、出人和出力。

端此，整個西庇太家族，是全方位地參與耶穌所帶起的運動。

當然，對於以上二人的要求，耶穌是婉拒了（太二十23）。

另一情況見馬可福音九章38至39節，記錄了門徒約翰向耶穌邀功，表示他們禁止人任意妄為地奉耶穌的名趕鬼。路加福音九章49節更輔以約翰的解釋：因為他不與我們一同跟從你。此言反映了約翰思想的狹隘，胸襟的不足，以致排他性很強。

馬可福音三章17節又表明，耶穌為西庇太的兩個兒子起名叫半尼其，就是雷子的意思。此別號一方面反映了二人的聲音洪亮，另一方面折射了他們都是性情中人，説話和處事都隨心率性，流於急躁和偏激。

在此，耶穌作出了糾正：不要禁止他；因為不敵擋你們的，就是幫助你們的（路九50）。也許，因有主的教導，當約翰寫他的福音書，刻意地記錄了耶穌和撒馬利亞婦人談話（約四1～26），説明雖然猶太人與撒馬利亞人交惡，正是「道不同，不相為謀」，然而，一如上文耶穌所言，只要是不抵擋福音者，也要視之如朋友。

留意當耶穌升天而去後，腓利來到撒馬利亞見證福音，以致信主者眾，耶路撒冷教會見狀便派人確認其成果。所派的，便是約翰（還加上彼得）。[3] 在此，使徒行傳八章15節有此記錄：兩個人到了，就為他們禱告，要叫他們受聖靈。由此可見，約翰的胸懷果然開闊了，心靈開悟了。他和彼得為撒馬利亞信徒禱告，好叫他們和自己一樣，都領受聖靈，成為神國的子民。

接下來，聖靈降在撒馬利亞人當中，此舉成為福音傳遍萬民這使命的第一步。約翰是促成此舉的重要人物。

總的來説，耶穌要把彼得、雅各和約翰三人，打造成傑出的門徒，好使他們在經過百般磨練後，靈命活潑，成為實至名歸的「得人漁夫」。

說到底，這特訓三人組盡得在世耶穌的真傳。

｜靈思小品｜

## 思考是智慧

> 我是你們的主，你們的夫子，尚且洗你們的腳，你們也當彼此洗腳。我給你們作了榜樣，叫你們照著我向你們所做的去做。（約十三14～15）

門徒多次爭論誰為大（可九33～34，十35～41），這反映了世人的想法：功成名就乃人之欲。然而，作主的門徒必須改變這種庸俗的思維模式，尤其是當主升天而去後，門徒更要上下一心，團結起來，共禦外敵才是。端此，在世的耶穌除教導門徒要學習作「僕人領袖」（servant-leader）外（見可十42～45），更以身作則，為門徒洗腳，藉此深化其教導。

換言之，在特訓門徒等人時，其重中之重，便是重整門徒的價值觀，好叫他們能慎思明辨，除去俗念。

話說有一猶太拉比，向某人介紹猶太人的智慧之作《塔木德》（*Talmud*）。

拉比先問那人：「有兩個人，同時掉進煙囪裏，出來時一個人身上滿是煙灰，另一個看來乾淨。你認為那一位會先去洗澡？」

那人回答：「自然是那位滿身是煙灰的。」

拉比回答：「錯了，因為他看見對方很乾淨，以為自己也很乾淨，故他想不必去洗澡了。繼而，當看見別人滿身是煙灰時，以為自己也是如此，如是者，結果反而是那乾淨的人先去洗澡。」

拉比再問：「讓我再說一回這故事，看看你如何回答。有兩個人，同時掉進煙囪裏，出來時一個人身上滿是煙灰，另一個看來乾淨。你認為誰會先去洗澡？」

這人急忙回答：「乾淨的一位。」

拉比笑著回答：「又錯了，因為那位看別人身上乾淨，以為自己身上是乾淨的人，他並不愚蠢，還是細察了從煙囪裏走出來的自己，終發現自己很髒。於是，他先洗澡去了。」

拉比再問：「好了，讓我再給你機會，回答同一個問題：有兩個人，同時掉進煙囪裏，出來時一個人身上滿是煙灰，另一個看來乾淨。你認為那一位會先去洗澡？」

這人即時回答：「兩個人都洗澡去。」

拉比再笑著回答：「又錯了。因為兩個人同時掉進煙囪裏，出來時不可能是一個身上滿是煙灰，另一個卻乾淨。這情況根本不存在。」

這人怔住了，目瞪口呆，半晌說不出話來。

拉比氣定神閒地說：「這便是《塔木德》的智慧了。」

## | 深度反省 |

以上的故事，其實是要告訴我們，**人的問題是源自其思維模式**。

過分執著，有如被下了緊箍咒，不斷出現邏輯上的漏洞，漏洞堆疊起來便成黑洞。

有人説，每個人的內心都有難於攀越的高山，難於突破的圍牆，難於跨渡的大海：是情海、怒海和慾海。如果我們能有此自知之明，起碼會小心留意自己思維模式上的漏洞，然後多些聽取別人的意見，廣泛地閱讀參考，建立博覽羣書的良好習慣，若能如此，因著涉獵多樣化的資料，並且持之以恆，人自然變得見多識廣、豁達融通了，思想模式的突破自也可期。

這是一個推倒又重來，拆毀又重建的生命工程：思維的重整。

畢竟，世局是在不停地變動，時間的巨輪不會為你我而停止運轉。安於現狀必然致使你我跟不上，遲早被遺留在時間的夾縫中，淘汰是必然的結局。

執念把人牢牢箍住，猶如毒咒，甚至永不超生。

如果能夠放下執念，換上更廣大而睿智的視野，眼界既全面亦細緻，這便是智者和愚者的最大分別。

## 禱告

藉著勤讀聖經，經歷復活主的同在和感悟，求聖靈感化我的內心，重整我的人生觀和價值觀，使我滿有屬靈的智慧和悟性，好叫我活出真門徒的本色。

# 4 生命的拐點

在門徒跟從耶穌，學習作祂門徒的那些年，主耶穌不斷教導他們要有廣納百川的胸懷，祂因而帶著門徒走出加利利，遠赴泰爾和西頓，在那裏經歷祂在外邦人中的事奉，成果可媲美在猶太人中的工作（見太十五 21～39），藉此開拓了門徒的視野。繼而，路加福音二十四章 44 至 46 節及使徒行傳一章 1 至 3 節更表明，耶穌從死裏復活後，活在地上有四十天，目的便是要持續祂對門徒的教導，使他們能深度明白耶穌的身分及神國的道理。

回到馬太福音二十六章 31 至 32 節所記，在吃過逾越節的晚餐，前往客西馬尼園的途中，耶穌預言在祂被捉拿之時，門徒將四散，情況實在不妙。然而，主早已知道，故鼓勵門徒當祂從死裏復活後，必須回到加利利，重遇那死而復活的救主。

接下來，當主真的從死裏復活後，祂最先向婦女們顯現，並且要求婦女們前往門徒那裏，向門徒傳達祂的話：⋯⋯叫他們往加利利去，在那裏必見我（太二十八 10）。如是者，婦女回去告知門徒。那時，彼得和約翰急忙趕往耶穌的空墳墓那裏看個究竟（約二十 1～10），[1] 如是者，二人成為十二門徒羣體中，最先目擊耶穌從死裏復活的空墳墓的。

留意約翰福音二十章4至6節有此記述：兩個人同跑，那門徒比彼得跑得更快，先到了墳墓，低頭往裏看，就見細麻布還放在那裏，只是沒有進去。西門．彼得隨後也到了，進墳墓裏去……。如此仔細的描述，映現著此乃目擊者的憶述。

繼而，門徒等人便按著指示，回加利利去。按福音書所記，耶穌在加利利起碼向門徒顯現了兩次：（1）在提比哩亞海旁（即加利利海邊；約二十一14）；（2）在加利利的某山上（太二十八16～20）。前者主要是重新建立曾三次不認主的彼得；[2] 後者是向門徒頒佈大使命。

不久，門徒等人又回到耶路撒冷，此舉是按著主吩咐他們的：不要離開耶路撒冷，要等候父所應許的〔聖靈〕……（徒一4）。繼而，耶穌在耶路撒冷附近的橄欖山應許門徒，他們快將領受聖靈，從而得著能力，把福音從耶路撒冷開始，繼而是猶大全省，接下來是撒馬利亞，終傳至地之極處（一8）。説畢，主便升天而去。

稍後，門徒等人按著主的訓示，在耶路撒冷等候，聚在一起禱告。這一次聚會，成員除了門徒外，還有耶穌的母親及一羣忠心跟隨主的婦女，就是連耶穌的兄弟，即雅各和猶大等都在其中，人數達一百二十之眾（見一12～15）。

如是者，聖靈終於在五旬節降臨（當然門徒約翰也在場），那一次奇妙的經歷，不單吸引數千人歸主，門徒等人亦經歷主在世曾應許的保惠師（即聖靈，又稱真理的靈）的降臨。自此，復活主藉著聖靈，形影不離地與門徒等人同在，成就了大使命中的一句：……看哪，我天天與你們同在，直到世代的終結（太二十八 20；見《和修》）。

使徒行傳三章 1 至 10 節記錄了自耶穌升天後，門徒施行的第一個神蹟（把生來是瘸腿的病人醫好）。行神蹟者便是彼得和約翰二人。在神蹟過後，他們還向在場的百姓傳講耶穌，此舉引來了官府的不滿，更把二人拿下來（徒四 1～7）。

然而，彼得和約翰二人不但沒有因而退縮，他們更靠著聖靈，勇敢地在官府面前公開地為主作見證（徒四 8～12）。

按使徒行傳四章 13 節所記，二人留下的印象是：他們見彼得、約翰的膽量，又看出他們原是沒有學問的小民，就希奇，認明他們是跟過耶穌的。作者此言是要顯明，按表面來看，二人是沒有學問的小民。留意，此措辭被某些學者拿作理由，去否定門徒約翰是能讀和能寫的。這些人指出，古時文盲處處，能讀能寫的寥寥無幾，約翰大有可能是沒有受過任何高等教育，他哪有能力寫下福音書等洋洋大觀的作品。

畢竟，此看法有妄斷之嫌，因為沒有學問的小民，**可能**只是表示他們二人沒有受過被看為正規的教育，即不曾拜過名師為徒（官府認為耶穌並非得著認可的拉比）。

事實上，沒有學問的小民此看法是來自官府，不是使徒行傳作者本人的意思。

一言蔽之，約翰二人在官府面前受審和作見證，成就了在世耶穌所預言之未來門徒的宣教職事（太十 17～20）。

稍後，當腓利把福音傳至撒馬利亞時，耶路撒冷教會便派彼得和約翰二人前往審察（徒八 14）。二人更為一切受洗者按手，好叫他們能領受聖靈（八15～17）。繼而，當保羅信了主，在安提阿教會事奉，並且和巴拿巴一起前來耶路撒冷，旨在把一筆募捐而來的款項帶來，好緩解耶路撒冷的災情（見十一27～30）。在此，加拉太書二章9節有此記錄：……那稱為教會柱石的雅各、磯法、約翰，就向我和巴拿巴用右手行相交之禮……。留意，這裏指出耶路撒冷教會的柱石共三位，其中一位便是門徒約翰。據估計，這時大概是公元四十八年。

公元七十年，耶路撒冷被羅馬大將提多（Titus），帶同羅馬軍隊圍困多時，後被攻陷，聖殿全毀；耶路撒冷教會也不復存在。[3] 約翰的去向未明，但教會傳統指出，後來約翰在以弗所教會事奉多年。大概便是在以弗所事奉之時，他寫下福音書和共三封的書簡。

這時的他，和他被耶穌稱為「雷子」的時候（那時，年紀估計還未及二十歲），相隔起碼四十年。如今的約翰，可能已年華老去，臉上盡是滄桑。但屬靈生命已爐火純青，境界極高。回望一生，尤其是那段青春無限，跟隨耶穌走南闖北，浪迹天涯的韶華歲月，約翰必然是感觸萬千，心中踴動著與別人分享的磅礴動力（見約壹一3～4），因而寫下福音書及眾書簡，以言情寄意，啟導眾生，實屬自然的事。

端此，約翰的事奉軌迹，除了在猶大的耶路撒冷和撒馬利亞外，以弗所及其附近一帶，也是他長年累月事奉的地方。

談到名城以弗所，其乃當代小亞細亞的第一大商港，人口約二十五萬，屬於世界級的羅馬帝國大都會。約翰久居及事奉於此，必定是大開眼界，胸懷因而壯大了，視野拓闊了，思想融通了。留意當約翰寫啟示錄時，在第二及第三章談及的七所教會，便是教會的元首要求約翰代祂發言，從而接受從主而來的評論的收信人。此情況反映約翰熟識這七教會的實況，皆因他曾在期間進行長時期的福音工作。

七教會的排列次序，可從地理環境了解：乃始自以弗所，然後向北進發，經過士每拿，到了別迦摩，而後轉折南行，經過推雅推喇、撒狄和非拉鐵非，最後是最南方的老底嘉，其都是在亞細亞省內的城鎮。在此，學者愛德華斯（James R. Edwards）指出，七教會的所在地，其排列形狀是有如箭頭，[4] 範圍覆蓋了幾乎整個亞細亞省，可見這便是約翰活動的地域：以以弗所為中心，把福音遍傳亞細亞省。

到了公元九十年代中期，因著信仰，約翰開罪了羅馬君王多米田，因而被流放至以弗所對出海面的拔摩孤島上（啟一9）。約翰雖然肉身被困，但心靈卻自由。他心繫天國，關心著正處水深火熱，備受政治迫害的神的子民。於是，藉著聖靈的啟示，他以啟示文體的格調，寫下共二十二章的啟示錄，憑著他那遠大的視野，胸懷普世的情懷，描摹人類歷史的未來，揭示人類終局的全貌。他言詞鑿鑿，鏗鏘有力地以從神而來的信息和異象，下筆成文，寫得栩栩如生，大大提振神子民的士氣。

有曰：「白日依山盡，黃河入海流」。約翰雖然年事已高，仍舊是心靈強大，心思敏銳，視野如千里之目，是「更上一層樓」。他力陳黑暗必逝，主再來那榮耀大日的破曉近了。神的子民只要能堅持下去，甚至是至死忠心，必能反敗為勝，正如他於啟示錄二章10節所記述的主的應許：你務要至死忠心，我就賜給你那生命的冠冕。[5]

最後，約翰的啟示錄顯示，他最後的回憶，不是被困在拔摩島上的日與夜，而是那從榮耀的人子而來的金光四射。人子的榮光，更是直到永遠，無分晝夜（二十一 24～25）。

此外，坊間有一說法，表示約翰後來重回以弗所，繼續他的事奉，直到公元二世紀初為主殉道。[6] 更有一說法，指在十二門徒中，他是惟一的一位壽高年邁而終的。畢竟，肯定的是，約翰是活得最久的一位門徒。

如今在距離以弗所古城約三公里半的城市塞爾丘克（Selcuk），建有一聖約翰教堂（Basilica of St. John），[7] 便是要懷念這位有打不死的戰魂，日不落的鬥心，活得閃亮的一代屬靈戰士。

### ｜末了的話｜

## 慣性地活著

有研究顯示，我們每天大部分時間都走在一條既定的軌道上。換言之，我們生活的大部分都是習慣使然。習慣的其中一項特色，便是習以為常，活在不知不覺間。

且看以下一個寓言故事：

一條大魚從深海游至水淺之處，遇上兩尾小魚。小魚剛離開母魚，獨自生活。

在碰面時，大魚主動搭訕：「這裏的水很淺，水的質素如何？你們滿意嗎？」

這番話當然只是閒聊，兩尾小魚卻不知如何回答。

大魚沒趣地離開了，稍後，兩尾小魚的交談如下：「剛才的問題，你也聽見了，問題實在太深了，我真的不知如何回答。」

旁邊的小魚回應：「可不是嗎？牠分明是在刁難我們。」

二魚游了好一陣子，感覺良好。

游在前方的一條，回過頭來問另一條：「其實，你知道水到底是些甚麼東西嗎？」

這故事告訴我們，習慣的特徵，便是即使只是近在咫尺，甚至生死攸關的，也難於察覺。

有研究指出，習慣一旦養成，我們便不假思索地活動，大腦暫時停擺了，不再思考了，不再選擇了。此情況要直到發生重大事故，才會觸動大腦重新審視評估。這樣，才有機會打破慣例，進行一個推倒又重來的生命更新。

總的來説，如果人生沒有重大事件發生，我們大都是自始至終地過一個慣性的、平平無奇的人生。

那麼，精彩的人生看來是要把慣例打破才會出現。在此，有人如此描繪人生：人生猶如一股激流，不遇著礁石或島嶼，便難以形成浪花四濺，產生壯大的景觀。

回到古時，人一生的活動範圍，大都不超過其成長地的十公里之內。活在此間的約翰本是一鄉野之輩，以捕魚為生，他與他的兄長雅各，大有可能繼承父親西庇太的業務，成為一代漁業巨人。按此了解，如果沒有主，約翰充其量只是一富二代，過的是一種慣性的，甚至是蠅營狗苟的生活。

然而，出人意外的事發生了。少年的約翰在加利利海之濱，遇見了那位放下身段，降世為人的神的兒子耶穌，此役改變了他那慣性的，與海為生、與魚為伍的漁夫生涯，晃間便過了凡半個世紀。儘管到了日薄西山的垂暮之年，約翰依然始終如一，至死忠心地追隨主。在飽經風雨，歷盡滄桑後，門徒約翰絕對是經韜緯略，高瞻遠矚，屬靈境界極高。他心志堅定，揚起不落的帆，朝著遠方的永生海灣，冒死啟航，更寫下他的驚世之作：啟示錄。

| 靈思小品 |

## 記憶的可貴

*但保惠師……要將一切的事指教你們，並且要叫你們想起我對你們所說的一切話。（約十四26）*

換句話説，保惠師（即聖靈）的運行軌迹，便是門徒等人的記憶。

留意約翰福音有很多耶穌的論述，篇幅頗長，當中有些是耶穌與別人交談的記錄，作者更表明他是現場的目擊者。然而，目擊者能有這樣強大的記憶力，把耶穌的教導條理井然地一一記存下來？故此，不少學者主張，作者是參考坊間所流傳有關耶穌論述的傳統，才能如此。當然，不能排除其可能性：如果作者是目擊者，即耶穌十二門徒之一，他大有可能是把吸收到的資料過濾後，選取所需，並將之跟自身的經驗融通，才著墨成書。在此，我們便得多些了解古人是以記憶（memory）作為其學習知識的重要機制這事實。

在古時，即使是孩提時期，把知識記下來，不斷地思考和背誦，已是人們獲得教育的重要門路。留意詩篇一篇2節所説：*惟喜愛耶和華的律法，晝夜思想，這人便為有福*。此言説明，朝思暮想，不斷地思考沉澱，乃深度學習神話語的竅門。另外，申命記六章4至9節乃當時以色列人日常禱告（稱為示瑪〔Shema〕禱文）的重要部分，其中的一句：……也要殷勤教訓你的兒女。無論你坐在家裏，行在路上，躺下，起來，都要談論。也要繫在手上為記號，戴在額上為經文；又要寫在你房屋的門框上，並你的城門上（申六7～9），在在表明神的子民，是必須竭盡所能，牢記神的教導。觀此，虔誠的以色列人都把摩西律法存記在心。他們慣於此道，也樂此不倦。

我們有理由相信，在跟隨耶穌的門徒中，尤其是以上提及的特訓三人組：彼得、雅各和約翰，都精於此道，即善於記下耶穌的教導，不單把其記在心中，隨後更把記憶中的資料寫下來。

就這樣，約翰寫下了約翰福音，彼得則藉著馬可寫下了馬可福音。

話說回來，值得留意的是，近代名作家史奇貝（Joseph Skibell）在研究猶太古文獻《塔木德》一書中曾言：「古代的老師，都備有一名通譯擔任助手，其作用有點像擴音器，必須用洪亮的聲音，重複他講的每一個字，好讓一大羣與會者都能聽到老師的發言。」他更舉例如猶太的拉比迦瑪列三世（Gamaliel III；即在使徒行傳五章34節出現的迦瑪列的孫子），便有一位通譯，名叫赫茲皮（Huzpit）。[8] 按此了解，我們有理由相信，作者約翰，也大有可能是耶穌的通譯員。請不要忘記約翰又稱「雷子」（見可三17），其可能意思有二：（1）指他的性情暴躁；（2）指他的聲音有如雷聲之洪亮，好一個「平地一聲雷」

（另參本書頁 14、22）。

事實上，耶穌宣講不斷，有時面對的羣眾數以萬計（見路十二 1，十四 25），祂是如何能使他們都聽見祂的聲音，從而明白祂的教導？當然，古時的演説家大都受過訓練，懂得如何運氣吐字等，又會找有揚聲作用的地方作宣講，但找來一個聲音洪亮的傳講助手，傳講時能一字不漏，傳神地重述自己所言的，也是順理成章的事。

留意作者自言是耶穌所愛的門徒，意思大有可能是指他與耶穌有著緊密的關係，可説是耶穌的心腹，而當耶穌和十二門徒一起守逾越節晚餐時，耶穌表明有門徒要出賣祂，這位主所愛的門徒竟能靠近主的胸懷，細聲向主求問（見約十三 23～25），可見這人，即作者本人，是坐得最貼近耶穌的一位，才能如此。這份近距離和耶穌的接觸，絕不會是旦夕之間便發生的。我們推想，正好因為作者，即耶穌所愛的門徒，便是耶穌的傳講助手，深得耶穌信任，並在傳講的事上，把耶穌的教導不折不扣地揚聲重述。按此了解，在他的記憶裏，耶穌的論述訓言，當然在在都深刻地拓印進他的心坎裏，歷久不忘。也許正因此故，他能寫下耶穌在不同場合的長篇講論。

不過，縱使他不是傳講助手，身為門徒，他該也是邊聽邊記下耶穌的訓言，把耶穌的言行牢記心中，並且以效法的方式，活出老師留下的生活模式。在古時，這正是門徒拜師學藝之道，即從老師的言教身教中有所學習，亦惟有這樣，才能盡得老師的真傳。[9]

總的來説，這教育方式是：「記憶—思考—效法—行動」。

## 深度反省

作為神的子民，透過永住在我們心中的聖靈的感動，讓「記憶—思考—效法—行動」成為我們學習神話語的重要模式，絕對是我們屬靈生命成長的王道。

説到底，作為神的子民，我們需要把聖經的教導牢記在心，不論是工作還是休息。當然，更好的是能夠放緩自己那急速的城市步伐，來一個「偷得浮生半日閒」，從而進入靜謐裏，細想聖道，默觀基督，感思人生，頓悟不斷。如果每一天都有所領悟，生命便會不斷地成長，假以時日，必然是學識淵博，優雅與才華盡顯，從而活出最好的自己。

還看約翰一生的成就，他所寫作品，都是把記憶中耶穌的其人其事，與他日後所處身的不同處境，經過思考融通後，最終組拼成切合時宜的佳作：福音書、書簡和末世啟示錄。

在主的靈感動下，門徒約翰的素筆變成點睛之筆，寫得逸興遄飛，淋漓酣暢。他的作品，都一一被納入正典。

## 禱告

求主助我，能熟習這「記憶—思考—效法—行動」的生命成長模式，好使我生命成長不斷。

# 第二部

# 蒙愛的門徒

# 5 作者問題（一）：蒙愛的門徒

## 5.1 別具一格的福音書

在正典中，寫下耶穌生平的，共四卷福音書。

首三卷，即馬太福音、馬可福音及路加福音，被稱為「符類福音」（Synoptic Gospels）。此名稱映現了三卷書是有很多共同主題。其中最明顯的，便是它們都把在世耶穌的事奉分為三大階段；第一階段是在加利利，第三階段是最後一週於耶路撒冷，中間的階段則是耶穌及其門徒離開加利利，朝耶路撒冷進發，在路上所發生的人和事。[1]

相比符類福音，被認為是最遲出現的福音書，便是約翰福音。[2] 約翰福音是完全不依從以上的階段來描述耶穌的事迹，其內容亦大部分沒有出現在符類福音內（例如數個與耶穌個人接觸者，如尼哥德慕、撒馬利亞婦人、病了三十八年的殘障人士等）。正因此故，約翰福音是重要和可貴的，因為它把符類福音沒有記錄的，一些關乎耶穌的資料都寫出來，看起來皆是合時宜的補充（作者大有可能是已看過符類福音，起碼是看過符類福音中最早出現的馬可福音的）。因為這樣，在我們審視耶穌的生平事迹時，就好像加添了一度稜鏡，豐富了我們對耶穌的認識。

與此同時，卻有人主張，約翰福音的歷史真確性是有問題的。這種看法認為，約翰福音的作者旨在帶出其神學思想，這思想反映了作者所處身的羣體，其對耶穌的看法。換言之，作者並非真的是耶穌事件的目擊者，他更不是在寫歷史，而是假借耶穌所愛的門徒之名杜撰耶穌，把祂寫成一傳奇人物。

換言之，作者根本不是目擊者，更遑論是門徒約翰。

按以上的分析，在討論和分析約翰福音的內容時，我們有必要先行處理作者是誰的問題。

二〇〇三年，福音派新約名儒基拿（Craig S. Keener）寫了兩冊約翰福音註釋，共一千六百三十六頁的篇幅，其討論頗為全面。[3] 他指出約翰福音的作者問題，是一場沒有硝煙的戰爭，且至今仍方興未艾。事實上，近代大部分學者都對門徒約翰是約翰福音的作者存疑。然而，基拿本人卻表態，支持作者是門徒約翰一說，而此立場亦為筆者所認同。[4]

到了這裏，我們有必要思考約翰福音的作者是誰這問題，現先談內證。

## 5.2 ｜ 「耶穌所愛的那門徒」

早期古抄本已附有約翰福音一語（原文意即「按著約翰的福音」〔the gospel according to John〕），作為全書的標題。此題目假設了一為眾人所認識的作者，名叫約翰。

在新約及約翰福音內，的確有兩位約翰，其英名如雷貫耳，為初期教會中人所認識，其一是施洗約翰（John the Baptist），其二是門徒約翰（John the disciple）。

施洗約翰是當代遠近馳名的大人物，這一點於前文已有提及，在此不贅。然而，他卻是英年早逝（見太十四 1 ～ 11）。按此了解，施洗約翰不大可能是約翰福音的作者。

餘下的可能性，便是門徒約翰。

雖然約翰福音的標題，有顯示其是出自一個名叫約翰的人的作品。然而，全書內容並沒有明言作者是誰，算是佚名之作。這一點，便留下了討論作者是誰的詮釋空間。

留意約翰福音內出現了一位自稱是耶穌所愛的那門徒者（約十三 23，十九 26，二十 2，二十一 7、20；下簡稱「蒙愛的門徒」〔the beloved disciple〕），他儼然是耶穌事件的目擊者。在此，新約學者查理士韋夫（James H. Charlesworth）指出，約翰福音中所出現的畢士大池和西羅亞池（見約五 2，九 7），都得著考古學上的證實，支持了其歷史真確性，[5] 足見作者很熟識耶路撒冷及附近一帶的地貌，這一點，也指向作者是目擊者這看法。

事實上，雖然作者沒有明言自己是誰，卻若隱若現地以「蒙愛的門徒」自稱。

為甚麼他要如此自稱？原因大概有三：

（1）此舉具有修辭的作用，以表明雖然作者參與所描述的事件，但他並不會因而變得主觀；反而，他是如第三者回首事件，客觀和務實地著墨舉證，正如作者於序言一章 14 節所力陳的：……我們也見過祂的榮光，正是父獨生子的榮光；又如在後記中的一句：為這些事作見證，並且記載這些事的就是這門徒；我們也知道他的見證是真的（約二十一 24）。

（2）作者在寫作時，距離昔日耶穌在世時的事迹已經年累月。回首那段崢嶸歲月，心中不單泛起了陣陣漣漪，還感慨萬千。他最大的領受，便是自己本是一村野之輩，於巴勒斯坦的加利利長大，以捕魚為業，竟然蒙主所愛，遇上降世為人的、父神的愛子耶穌基督，從而選拔了他、訓練他、差遣他（見約二十 21～23）；他的生命因而起飛，踏上使徒事奉的軌迹，活得海闊天空，人變得胸懷大度，從而活出一個妙不可言的、既踏實又豐盛的人生。如今，懷著感恩的心和永生的盼望，他幸福滿滿，以「蒙愛的門徒」自稱，寫下約翰福音，以記念恩師耶穌那義薄雲天的恩情，把祂偉大的事迹記述下來，好傳承萬世。

留意在記述耶穌為門徒洗腳後，作者記下耶穌的這一句：……我怎樣愛你們，你們也要怎樣相愛（約十三 34）。稍後，作者又於約翰一書四章 19 節有言：我們愛，因為神先愛我們。這些經文，在在舉證著門徒約翰在走過漫長的人生路後，深受恩主大愛所感動，促成他以「蒙愛的門徒」自稱。

（3）如此自稱，是要讓一切有此感受（即深受主恩，為主所愛）的讀者們，能因而產生共鳴感，認同作者所說的，更為投入他所寫的耶穌其人其事中。這樣，自能深度感悟箇中的意義。

事實上，作者像是在寫戲劇（drama），劇目可稱為「傳奇人物耶穌」。他希望讀者們能欣賞他的妙筆生花——把耶穌寫得栩栩如生，情節引人入勝，行文鏗鏘有力，叫讀者們好像置身於現場，感同身受作者的所見所聞，[6]就是神的獨生愛子耶穌的神采，及其幽遠樸素的魅力，從而敬佩祂、愛慕祂，更對祂篤信不移，終能因信祂而得著永生（六47，二十31）。

如前所述，「蒙愛的門徒」出現在以下的經文中：十三章23節，十九章26節，二十章2節，二十一章7及20節。

我們先檢視十三章23至25節，即「蒙愛的門徒」出現在耶穌與門徒吃最後晚餐之時。由於此餐是耶穌及十二門徒一起進行(參可十四17)，故「蒙愛的門徒」必然是十二門徒的其中一位。

經文指出他側身挨近耶穌的懷裏問主，到底是誰出賣主。側身是因為那時的人進食時通常都是側身而坐（即近乎半臥狀態），而明顯地，「蒙愛的門徒」是坐在耶穌旁邊，才有可能挨近耶穌的胸懷。

在古時，重要人物是坐在最當眼正中的位置，然後便是按各人的位分，由近至遠就坐。端此，坐在主旁邊的一位，必然是重要的門徒。留意，當時彼得曾與這位「蒙愛的門徒」對話（十三24），可見彼得不是「蒙愛的門徒」。

如上文所指出的，十二門徒中有三人為耶穌所特選，接受祂的特訓，他們便是彼得、雅各和約翰。留意雅各和約翰此二人的名字，從來沒有出現於約翰福音中，但由於雅各是十二位門徒中最早殉道的一位（見徒十二1、2），故他不大可能是約翰福音的作者，剩下的便是他的弟弟約翰了。

在另一個場合，即約翰福音二十章1至10節，描述有兩位門徒，一起跑往埋葬耶穌的空墳墓去，目的是要審視為何耶穌的屍首不見了。描述之細膩，顯出其乃出於目擊者的憶述。在那段經文中，作者表明是「蒙愛的門徒」先來到墓前，卻讓後到的彼得先進去，顯出他對彼得的敬重和禮讓。在結束時，作者更表明：先到墳墓的那門徒也進去，看見就信了（二十8）。

在此，作者明顯是在說自己，故能言詞鑿鑿，毫不猶豫地宣告：看見就信了。

留意在約翰福音中，當論及彼得時，「蒙愛的門徒」總是在場。除上文外，另一個例子便是二十一章20至23節。當復活主和彼得對談後，經文如此描述：彼得轉過來，看見耶穌所愛的那門徒跟著……彼得看見他，就問耶穌說：「主啊，這人將來如何？」這一段經文的授意，便是把彼得和「蒙愛的門徒」的未來相提並論。

總的來說，彼得和「蒙愛的門徒」關係密切，從符類福音及使徒行傳的記述中，我們得悉在門徒之中，彼得和約翰二人是經常走在一起，在事奉的路上可說是共同進退的（如路二十二8；徒三3，四13，八14）。

在此，值得留意的是，在加拉太書二章9節，保羅表明當他上耶路撒冷時，遇到了耶路撒冷的柱石，他們是雅各、磯法和約翰。由此可見，三人都是當時耶路撒冷教會的最重要人物。也因為這樣，門徒約翰的名聲，在初期教會裏，可說是如日中天，與耶穌的弟弟長老雅各和彼得齊名。

歸結而言，在約翰福音中，門徒約翰的名字從未出現過，他大有可能化名為「蒙愛的門徒」，把自己寫成耶穌事件的目擊者，就如他於約翰福音的序言所言：我們也見過祂的榮光，正是父獨生子的榮光(一14)。後來在後記中亦寫上：為這些事作見證，並且記載這些事的就是這門徒；我們也知道他的見證是真的(二十一24)。

說到底，相信「蒙愛的門徒」便是約翰福音的作者，實乃順理成章的事。

# 6 作者問題（二）：序言和後記中的「我們」

至於序言（約一1～18）及後記（二十一1～25）中出現的「我們」，可能是指約翰的追隨者（如約翰的門徒）在此表態，支持「蒙愛的門徒」所寫的是真確的，表明他們都接受蒙愛門徒的舉證。

在不排除以上的看法下，另一個可能的看法，便是「我們」是指著作者，即「蒙愛的門徒」自己而言。[1] 換言之，作者以「我們」代表自己說話，其用意有三：

（1）當作者寫好文章的主體（一19～二十31）後，考慮到他筆下的耶穌，實在驚為天人，他所寫的，實在是神奇得難以想像，故讀者們可能會有此疑問：到底作者所寫的，是一虛擬之作，還是他親眼所見的實錄？觀此，作者認為有必要加以澄清，故以「我們」表示自己實乃眾多目擊者中的一位而已。

（2）不少人相信，在寫好了主體文章後，「蒙愛的門徒」才寫下序言及後記（詳見下文）。而「我們」一詞，代表了他先前所寫的（即主體文章），不單是他本人的實錄，更為其他人士所認同，是一羣體的見證。端此，「我們」大有可能是指門徒羣體，或是指在場親身經歷耶穌事件的羣體，故是一集體的回憶，是人所共證的公論，是絕對可信可靠的。

(3) 在撰寫時，作者考慮到他的文章，將會被宣讀出來（因當時文盲處處，識字的人不多，文章大多是被宣讀出來，聽眾才能明白），「我們」一詞就是讓宣讀者參與作者的舉證，目的是要邀請宣讀者，甚至所有在場的聽眾，投入作者所寫的、當時「蒙愛的門徒」（即作者）所處身的世界，置身於現場，目睹耶穌的傳奇事迹（作者寫作具戲劇性），感知祂那屬靈生命的磅礴氣場，從而相信祂是實至名歸，眾所期待的神的兒子和基督。[2]

| 靈思小品 |

## 鐵達尼與人生

你們心裏不要憂愁；你們信神，也當信我……我去原是為你們預備地方去。我若去為你們預備了地方，就必再來接你們到我那裏去，我在哪裏，叫你們也在那裏。（約十四1～3）

那刻，耶穌快將被釘十字架，然後從死裏復活，繼而升天而去。在滿是離愁別緒的氛圍中，耶穌安慰門徒，祂必再來，必與門徒同在，並且是永在。

曾經，一度被高舉為全世界最大（排水量超過五萬噸），被譽稱為「夢幻之船」的巨輪鐵達尼號，由英國皇家所建造，標誌著航海事業的輝煌成就。

船上設有高級餐室、健身房、會議室、游泳池及豪華舒適的客艙等，真的包羅萬有，極盡人間享受之能事。

可惜的是，在其橫渡大西洋的處女航中，不幸碰上冰山，從而被冰冷無情的汪洋淹沒。

此時是一九一二年四月十四深夜至十五日凌晨時分，距離其首航（即四月十日）才四天便發生意外，被譽為永不沉沒的巨輪沉沒了，更長埋深海，永不復現。

船上的人都忙亂不堪。有些人爭相走進救生艇中，有些人則無奈地等候死亡的來臨。

話說當時船上有支樂隊，在危急時還緊守崗位，演奏悠揚樂章，好安定人心。樂隊那份盡忠職守、無視生死的情操，使人深深敬佩。

不過，巨輪終究沉沒了。死亡人數超過一千五百，是人類史上和平時期最嚴重的海難，震驚了全世界。

人類的命途有如這艘巨輪，不少人相信人定勝天，甚麼問題都可以用科學解決，所謂答案總比問題多。世界愈發文明，高端科技一日便是千萬里，人類哪會有覆亡的一天？

說到底，相信科學與迷信科學，完全是兩碼子的事。

在科技飛躍的同時，世界卻戰禍不斷，疫症接踵而來，全球氣候惡化，看來大事不妙了。

多年前，當人類發明原子彈時，愛因斯坦（Albert Einstein）及羅素（Bertrand Russell）等人發表了一份聯合聲明，表示原子彈的出現，其實是人類最幽暗的時刻，因為第三次世界大戰必定是一場核子戰爭。直到如今，世情仍然紛亂，世事更詭譎多變，人心愈發惶惶，救主的這一句：你們心裏不要憂愁；你們信神，也當信我……成為一切跟隨祂的人的莫大安慰和肯定。

主必再來，迎接一切跟隨者，並且重組世界，為人類重建美好的家園。祂是和平之君，在祂的管治下，世界和平才可期。

主耶穌基督不單是創造主，祂更是救世主，而祂的救贖作為，更將持續不斷，直到祂的再來。

## 深度反省

人類的鐵達尼號要能夠得免於難，不是因為它本身的堅固韌勁，而是因為其舵手，乃神的獨生子我主耶穌基督。

繁忙的城市生活使我們透不過氣來，每天都好像在追趕甚麼，活得支離破碎。看來我們的精力都被耗盡了，榨乾了，留下的只是一具空殼。然而，窮途不是末路，請拐過彎來，讓主成為我們的生命舵手。

大道至簡，信靠耶穌，深度認識祂，一切都不再一樣。這便是「蒙愛的門徒」殫精竭慮所要告知我們的。

## 禱告

主啊，我全然信靠你，因為有了你，一切都不再一樣。

# 7 作者問題（三）：外證、反對及答辯

在討論完內證後，現在論及外證。

最有力的外證，是來自早期教會的史學家優西比烏（Eusebius of Caesarea, 265～339）。他指出，在公元一七七年出任里昂（Lyons）主教的愛任紐（Irenaeus）曾表示，藉著坡旅甲（Polycarp, 69～155），即門徒約翰的徒弟，愛任紐本人終能認識門徒約翰。[1]

愛任紐更表示，他受教於坡旅甲，而坡旅甲因曾受教於門徒約翰，因而得以明白耶穌基督的其人其事（意思是坡旅甲盡得門徒約翰的真傳）。[2]

不單如此，愛任紐更力陳，當耶穌和門徒一起吃最後的晚餐時，那一位側身挨近耶穌，自稱是耶穌所愛的門徒的（見約十三22），便是門徒約翰。愛任紐進一步指出，門徒約翰是在以弗所寫下他的福音書。[3]

說到以弗所，這個小亞細亞最重要的城市，於公元一八九至一九八年出現了一位主教，名叫波利克拉特斯（Polycrates of Ephesus, 125～196）。他同樣指出，那一位側身挨近耶穌的門徒，便是門徒約翰，而他最後更是埋葬在以弗所。

另一位教父亞歷山大的革利免（Clement of Alexandria, 150～215），同樣支持以上的說法，他更形容門徒約翰寫了一本「屬靈的福音書」（a spiritual gospel）。[4]

有人指出，當雅各殉道時（徒十二2），約翰也同時蒙難，此說法大概是出於在馬太福音二十章22至23節中，耶穌對雅各和約翰必喝苦杯一言的誤解；其歷史真實性不高。[5] 事實上，優西比烏表示，門徒約翰曾在以弗所施行神蹟，使死人復活，更引導一強盜及一殺人兇徒皈依基督。[6] 繼而，愛任紐亦指出，約翰在以弗所力拒異端克林妥（Cerinthus）。[7] 由此可見，約翰在以弗所一地的事奉，既真實亦精彩。

綜觀上論，教父優西比烏及愛任紐所言，代表著初期教會對門徒約翰的生平事迹的評價，是肯定和正面的。總之，早期教會的教父們都相信，門徒約翰便是約翰福音的作者。

在此，質疑門徒約翰乃約翰福音的作者，主要反對的理由臚列及答辯如下。

## 7.1 | 第一個反對理由

由於約翰福音和約翰書信（即約翰一書、約翰二書及約翰三書），及啟示錄的內容及寫作風格，各有不同，所以，如果門徒約翰是寫了啟示錄的話，又或者是寫了約翰書信，他便不可能是約翰福音的作者了。

當然，此說法的問題有：約翰所寫的福音書、書信及啟示錄，此三者的主題及內容，在仔細分析考量後，所得出的所謂分歧，到底是些甚麼？其之間的分野到底有多大，足以構成以上的結論？[8] 若內容和風格不同，便認為是出於不同作者的手筆，是否是一主觀的看法？審核的標準又在哪裏？

事實上，任何作者在撰寫不同的文章時，其內容和風格都必然有所不同。

以筆者為例，我的第一本著作是一九九〇年出版的《啟示錄注釋》。作為註釋書，其內容自然是對啟示錄一至二十二章的每一節經文，都詳加研究，並且旁引各聖經學者的見解，加以分析然後統合，藉此展現筆者本人的意見和立場。

由於那時筆者是在教神學，且正在教授但以理書和啟示錄等聖經書卷，這本《啟示錄注釋》其實是作教科書之用，而對象自然是神學生。

一年後，我寫了一本關於崇拜神學的書：《崇拜：神學、實踐、更新》。由於這是一本專門研討崇拜的書，實用性高，對象是教會的牧者、傳道人及負責崇拜的領袖，所論及的主題，都與崇拜有關，其中如主餐、洗禮、講道和詩歌讚美等。此書與《啟示錄注釋》比較，自然是大有不同，因為其寫作目的不同，主題不同，對象也不同。

時間的長河湧流而前，晃間過了近三十年，在主的靈感動下，筆者於二〇二〇年寫了《你們說我是誰？——深度認識耶穌的 36 堂課》一書。接下來，二〇二一年我又寫了有關使徒保羅的書，即《保羅，攪動世界的使徒——看懂保羅、淬煉生命的 34 堂課》。如今，即二〇二二年，我在寫本書，三者便成了一個作品系列。

歸結而言，這類作品是一綜合研究，研究範圍是整本聖經

（以新約為重），主要是一橫跨新約眾書卷的作品。以本書為例，我需要把散佈在新約眾書卷中，所有關乎門徒約翰的經段，都加以審視和分析。在經過嚴謹的邏輯推敲及思維融通後，才著墨成文，其製成品自然與先前的註釋書和崇拜神學等著作大有不同。

其實，時間不斷向前推移，正是滄海桑田，我也悠悠老去，寫作風格漸變，措辭也不同。

總之，同一位作者，寫下不同的主題及採用不同的措辭，大有可能是寫作目的和對象的不同所使然。

另一個構成措辭和風格不同的原因，便是代筆人的因素。

在新約正典中，具代表性的如保羅所寫的羅馬書，代筆人是德提（羅十六22）；彼得前書的代筆人是西拉（彼前五12；見《新譯》）等。可見，約翰筆下的福音書、書簡及啟示錄的風格及措辭之所以不同，大有可能是因為其是來自不同的代筆人。

## 7.2 ｜ 第二個反對理由

由於符類福音中的馬太福音及馬可福音，是來自耶穌的門徒馬太及彼得（馬可福音背後的作者是彼得），他們都寫下了耶穌的生平，實乃目擊者的實錄。在對比之下，約翰福音的內容卻迥異，由是觀之，如果符類福音是真實可靠的話，約翰福音便不是了。

但問題是，如果約翰福音是來自一非目擊者的杜撰，內容又與符類福音的不同，他又怎能期望教會接納他所寫的，關於耶穌的事迹，是真實可靠的呢？

端此，由於約翰福音的作者本是耶穌的門徒，更是事件的目擊者，他才敢於寫下另一版本的耶穌故事，並且要求神的子民視其作品為權威，就如作者於約翰福音二十一章24節所力陳的：為這些事作見證，並且記載這些事的就是這門徒；我們也知道他的見證是真的。

## 7.3 | 第三個反對理由

約翰福音內出現了一自稱是耶穌所愛的門徒（見約十三23～25，十九26～27，二十2～10，二十一7、20～24），簡稱「蒙愛的門徒」，他是耶穌事件的目擊者，而由於約翰福音內沒有提及門徒約翰，故這位「蒙愛的門徒」，便是門徒約翰了。對於以上的說法有人以為是不合理的。原因是門徒約翰曾被耶穌稱為「雷子」（可三17），即性格鹵莽剛烈也許疊加聲音洪量，再加上門徒約翰所表現的，舉證著他那偏激的想法（見可九38）。由此可見，「雷子」約翰，怎可能來一個大變身，成了「蒙愛的門徒」?

當然，以上的看法，是把本是性格剛烈的約翰定型，但問題是開始跟隨耶穌的門徒約翰，那時可能還不到二十歲，是一少不更事的年輕伙子，但隨著時間的流逝，在事別多年後，他方寫下約翰福音。那時，他已年華老去，飽經歲月的磨礪，生命被陶冶得爐火純青，從「雷子」變成愛心的使者是大有可能的事。他的轉變，其實是信仰的使然。

說白了，飽歷事奉路上多番的錘鍊，疊加以聖靈，即真理的靈不斷的感化引導、啟發更新（約十六7～8、13～14），門徒約翰的胸懷壯闊了，思維豁達了，他深度感悟基督的大愛，心被感化了，愛神及愛人的心便油然而生。

| 靈思小品 |

## 達文西的最後晚餐

你要保守你心，勝過保守一切，因為一生的果效是由心發出。(箴四23)

我國有言:「相由心生」，聖經中的箴言書，也有類似的教導。它指出人所活出的，都是由內心所思所想所成的(見上面經文)。

十五世紀文藝復興時期，意大利出現了一位極其閃耀、多才多藝的畫家達文西(Leonardo da Vinci)。

以下是一則有關於他在繪畫名畫《最後的晚餐》時的逸事。

他在畫耶穌的畫像時，找來一位模特兒。

這位年輕模特兒有著一張純潔、高尚和威嚴的面孔，非常適合於繪畫耶穌的畫像。

繼而是繪畫十二門徒。一切都很順利。

到了繪畫出賣耶穌的猶大時，達文西同樣需要找來一位適合的模特兒，卻總是遇不上。事情呈膠著狀態，達文西十分惆悵。

多年後，有人告訴他有一個囚犯，因犯了重罪入獄，他可能適合作猶大畫像的模特兒。達文西即時採取行動，申請進入獄中探望此人。一見果然適合得很，因這人看起來一副賊相，雙目無神，是一副十足十的失敗者模樣。於是達文西便向有關當局申請，讓這囚犯離開監獄，到他的工作室進行繪畫工作。

申請獲批後，他歡天喜地。事情進行順當；他終於把猶大畫好了。

大功告成後，達文西邀請這當模特兒的囚犯一睹其傑作。

誰料一看之下，這囚犯愣了好一回，然後倒在地上嚎啕大哭。

達文西吃了一驚，追問這人到底是甚麼一回事。

那人帶著淚水反問達文西：「你認得我嗎？」

達文西瞪著他，看不出甚麼所以然，便搖著頭。

這人便説：「我便是你在多年前，為你作耶穌模特兒的那人。」

## 深度反省

約翰在開始跟隨耶穌時，被耶穌稱為雷子（可三17）。不過，通過歲月的磨礪（尤以是他在當時代的大城市以弗所事奉多年），[9] 他胸懷寬敞了，思維改變了，屬靈的造詣提升了，因而寫下福音書等極為優秀的作品，與先前作為雷子的他，可説是判若二人。

説白了，約翰生命的成長，源自他內在生命的精進，眼光的獨到，思維的通達。

換言之，我們內在生命的屬靈狀況，決定了我們到底活著像基督，還是骨子裏仍是雷子心腸，活得原始粗劣。

末了，我們活著不是客串，因為客串是在混日子。更不要成為路人甲，因為這只是退縮。人生是我們的主場，我們才是主角。靠著主，莫問艱辛，認真地活好每一天，這才是精彩的人生。

## 禱告

主啊，我不知如何才算是活好一生，但你創造了我，也拯救了我，求你指教我如何才活得好。在此，我全然信靠你。

# 8 | 作者問題(四):反對、答辯的續篇

## 8.1 | 第四個反對理由

作為耶穌的門徒,事事都應該虛懷若谷,若自稱是「蒙愛的門徒」,這豈不是在自我炫耀,表示惟獨自己是耶穌所親愛,大有昂然佇立於其他門徒之上之勢?尤有進者,約翰福音中「蒙愛的門徒」經常把自己與彼得比較(見約二十2~10,二十一20~23),目的明顯是要凸顯自己,表明他本人的屬靈造詣,絕對不下於看來是門徒羣體領袖的彼得。

以上的質詢,我們只能視之為草率之言。

自稱「蒙愛的門徒」並不一定表示作者旨在誇耀自己,即表示只有他本人是蒙愛者,其他的門徒都不是。畢竟,作者如此自稱,旨在強調他深度感悟基督的大愛,因著認識祂和跟隨祂,他的人生得以改寫,生命得以重鑄。至於約翰福音不時把「蒙愛的門徒」和彼得比較,也許只是要說明,符類福音都以彼得為十二門徒的代言人,是門徒羣體中最突出的人物;然而,這並不表示其他的門徒都不濟:「蒙愛的門徒」便是一典型例子。[1]

說白了,一如上文所言,作者自言是「蒙愛的門徒」,旨在引起讀者們的共鳴,提醒他們也是蒙主所愛的一羣,因而對福音

書中那蒙愛門徒所見證的耶穌的其人其事，產生高度的認同感，從而投入其描述中，好像置身於現場，深度參與目擊者的見聞，感悟耶穌那言教身教的莫大撼動能力。

## 8.2 | 第五個反對理由

有說，其實「蒙愛的門徒」不一定便是門徒約翰，拉撒路才是更佳的人選。這是因為拉撒路被形容為耶穌所愛的（見約十一3、5、36）。雖然他不是十二門徒之一，卻因著他與耶穌有著親密的關係，大有可能是耶穌事件的目擊者。

再者，拉撒路是一知名人士（參約十一19、45～46），他大有可能認識耶路撒冷的權貴，因而能夠進入大祭司的院子，近距離觀察耶穌接受公會審訊的過程，也因著他，彼得才得以進入大祭司的院子中（見約十八15）。

這見解的問題是，作者在約翰福音十一章5節表明，耶穌也愛馬大和馬利亞，即拉撒路的兩位姊妹。端此，單以這裏的數節經文，便篤定拉撒路便是「蒙愛的門徒」，是掛一漏萬。

說到底，作者自言是耶穌所愛的門徒，目的明顯是要隱藏身分，若是如此，為何他卻要在後來表明自己便是拉撒路？

如此類推，其他的推測，如「蒙愛的門徒」便是多馬，或拿但業等（見約二十一2），都同樣要面對以上的質疑。

在此，亦有人主張，作者的可能人選便是約翰．馬可。

留意傳統指出約翰．馬可寫馬可福音，是按著彼得的宣講而寫的。[2] 可見馬可與彼得的關係密切（見彼前五13），合乎了約翰福音中「蒙愛的門徒」與彼得那份緊密的關係。再者，馬可是來自耶路撒冷，反而，門徒約翰是來自加利利。細觀約翰福音中經常論及耶路撒冷而非加利利，當中談及畢士大池和西羅亞池等地（約五2，九7），反映了作者甚為熟識耶路撒冷。按此了解，馬可比起門徒約翰，是更為適合被視為約翰福音的作者，即「蒙愛的門徒」。

然而，此說法最大的問題是，馬可並非十二門徒之一。事實上，他的名字，從來沒有出現在符類福音中，更遑論和彼得是緊密的伙伴。再者，馬可已寫了馬可福音，如今他又寫另一本福音書，到底所謂何事？[3]

畢竟，作為敬虔的猶太人，每一年都要到耶路撒冷守逾越節。再加上耶穌帶著門徒等人多次上耶路撒冷（大概是守節），端此，門徒約翰對耶路撒冷是不可能陌生的。

在此，更有人主張，「蒙愛的門徒」根本不存在。此名字有代表性意涵，即他是一虛擬人物，代表了一類理想人士，是耶穌事件的目擊者，是一理想中的耶穌的跟隨者，誠然是門徒的典範。

按約翰福音內容所展現的，「蒙愛的門徒」是一有血有肉的歷史人物。他跟隨耶穌，目擊耶穌所行的神蹟，眼見耶穌被釘在十架，見證耶穌的空墳及復活後的神顯。[4]由是觀之，虛擬人物的說法，充其量只可算是一具創意的臆測。

此外，由於教父坡旅甲指出，除了門徒約翰外，還有一位長老約翰（John the Elder）。再加上出現於三世紀中葉的教父狄奧尼修（Dionysius of Alexandria）也指出，在以弗所有兩個寫著約翰名字的墳墓，其一是門徒約翰，其二是長老約翰。[5]按此了解，長老約翰定然是一為初期教會所熟識的人士，他便是約翰福音的作者。

畢竟,一如學者史慕理(Stephen S. Smalley)所指出,約翰乃一普通的名字,在以弗所地,寫著約翰名字的墳墓又豈只兩個,由此可見,狄奧尼修所言的,並沒有太重要的參考價值。[6]再者,門徒,或是使徒,被稱為長老的,也出現於新約教會中,如彼得前書五章1節,作者彼得自言:我這作長老、作基督受苦的見證……的,勸你們中間與我同作長老的人。按此了解,長老約翰大有可能便是門徒約翰。

話說回來,儘管有一位「長老約翰」的存在,我們對他的認識,實在是一無所知,要證明他便是福音書,又或者是約翰書信,甚至是啟示錄的作者又談何容易。

畢竟,質疑門徒約翰為福音書作者的說法是絡繹不絕的,足見這是一場沒完沒了的論戰。

例如:由於符類福音指出,當耶穌釘十字架時,門徒都四散,即沒有一人留下來伴著十架上的耶穌。然而,約翰福音十九章25至27節卻表示,那「蒙愛的門徒」竟然出現在釘十字架的現場,這矛盾之處的可能解釋,便是這十架下的「蒙愛的門徒」不屬於十二門徒,可見他不是門徒約翰。

要處理以上的質詢誠非易事,不過,由於「蒙愛的門徒」目睹耶穌釘十架的情境,也目睹水和血從救主身上流出:惟有一個兵拿槍扎祂的肋旁,隨即有血和水流出來(約十九34),這一點映現在約翰一書五章6至8節所言的:這藉著水和血而來的,就是耶穌基督……作見證的原來有三:就是聖靈、水,與血……。[7]再者,在啟示錄一章7節的一句,形容再來的主為眾人所目睹時，作者表明：……連刺祂的人也要看見祂。刺祂的人，此措辭大概是回指用槍扎被釘十字架的耶穌之肋旁此情況（見約十九34～35），反映了啟示錄的作者，是耶穌釘十字架現場的目擊者。

以上的種種迹象，在在舉證著作者是門徒約翰，他是耶穌釘十字架的目擊者。

畢竟，由於他是十二門徒之一，也是主所愛的，故救主把母親交付他照顧，自是順理成章的事。[8]

其實，在耶穌所呼召的十二門徒中，彼得、雅各和約翰三人本已被耶穌特選，近距離地跟隨主。後來，當耶穌榮進耶路撒冷，要在耶路撒冷守節時，耶穌派了兩位門徒安排吃逾越節晚餐，由於不容有失，耶穌差派了最為可靠和得力的弟子，是為彼得和約翰（路二十一8）。由此可見，約翰早已為主所器重。如今，耶穌被釘，作為主所重視的門徒，如屬可能，必然跟隨到底。也許，因著門徒約翰有著一定程度的家庭背景，使他能進入現場，帶同耶穌的母親來到十字架的旁邊，見耶穌的最後一面，這是極有可能發生的。

按此推論，符類福音所言的，門徒都四散，只是一概略性說法，旨在強調門徒的懼怕和不濟，就是連彼得也不例外（他竟然三次不認主；可十四66～72）。

總的來說，門徒約翰是約翰福音書的作者此說法，是最具說服力的，也是本書的立場。

最後，有兩位重量級聖經學者，他們的主張值得在此一提。

先是以存在主義成名的新約學者布特曼（Rudolf

Bultmann）。

他指出，其實約翰福音所描述的，神兒子耶穌的神奇事迹，在在反映了其是受著希哲諾斯底主義（Gnosticism）所影響。此思維的主調，便是指神人耶穌是來自天上的神明，祂降世為人，進行對全人類的拯救。然而，其實耶穌本是一猶太拉比而已，在其事迹傳至外邦各地時，他的身分卻漸漸地被神化了。可見約翰福音中的「高度基督神學」（high Christology），是來自歷史的演變。[9]

說白了，布特曼的見解，是按著所謂的「宗教」，其實是經過歷史的進程而演變出來的。此看法不為福音派人士所認同。又正如學者包衡（Richard Bauckham）所力陳的，那「高度基督神學」並不是演變出來的，其一開始便是如此。[10]

關於布特曼的其人其事，可詳參下文有關的闡述。

另一位是天主教聖經學者布朗（Raymond E. Brown）。

他被公認為研究約翰神學的權威，他主張此福音書主要是來自門徒約翰的傳統，但經過後人（即約翰羣體〔Johannine community〕）多番修訂才成書。[11] 這說法固然是有可能的，卻難於求證。問題是，要分辨哪些經段是來自約翰，哪些是來自後人，無疑是難於定準的。故此布朗的多重修訂論自然是流於主觀。反而，相信全書是來自一人手筆，還來得清爽利落。[12] 說到底，究竟是全部內容，還是大部分內容是來自門徒約翰，實際來說，二者的分別也不大。[13] 我們相信，因著作者是門徒約翰，其作品絕對有屬靈權威，約翰福音也因而很快被納入正典之內，這才是最具說服力的說法。

# 9 寫作地點

一本出現於公元二世紀中期的作品《約翰行傳》（*The Acts of John*）指出，門徒約翰是在亞細亞一帶事奉，當中包括以弗所。[1] 二世紀中期的羅馬教會領袖游斯丁（Justin Martyr, 100～165）更明言，約翰的確出現在以弗所，游斯丁是經考究證實了這說法，因他本人曾住在以弗所。[2] 事實上，這說法亦得著教父愛任紐及優西比烏的支持。[3] 此外，惠敦神學院（Wheaton College）的新約學者貝奇（Gary M. Burge）有此結論：「到了公元二世紀末期，教會已達成共識：約翰福音是來自『蒙愛的門徒』，而『蒙愛的門徒』便是門徒約翰，並且與以弗所有密切關係。」[4]

誠然，此看法為大部分福音派學者所認同。[5]

我們更有理由相信，門徒約翰便是在以弗所，寫下他的書信（即約翰一書、約翰二書和約翰三書），因當他寫啟示錄時，內容出現了七封致教會的書簡。其第一封，便是致以弗所教會（啟一11，二1～7），這一點，也支持著以弗所便是約翰事奉及著書立說的地方一說。

## | 末了的話 |

# 掛一漏萬的毛病

那些反對門徒約翰是福音書作者的人，最常見的毛病，便是掛一漏萬。

他們把一個論題不斷地誇大放大，卻把其他可舉證作者就是門徒約翰的要點，晾在一旁，結果便是「以偏蓋全」。

在此，猶太典籍《塔木德》中有以下一則寓言。

話說有一位拉比，以解放奴隸為己任。他開始了這神聖的旅程。

不久他來到一條大河面前，但未能找到任何過河的橋或船。

於是，他對河說：「請你把河水分開，好叫我能過河，完成聖命。」

河回答：「你有聖命，要渡河才能完成。但我也奉了聖命，要讓河水不斷地湧流。」

河的言下之意，便是不讓路。

拉比見狀，大為不悅，便對河說：「我警告你，如果你不分開河水，我會到上游截停水源。」

河聽後甚害怕，即時分開河水，拉比因而過了河。

隨後，有一位帶著麥子去過節的以色列人要過河，拉比又要求河水分開，讓這人渡河。

河水又再分開，這人過了河。

接下來，又來了一位阿拉伯人，他曾與這拉比一起上路，如今又一次要過河。

拉比又吩咐河把河水分開，理由是這樣才顯得公平：河水應該同時為猶太人和阿拉伯人分開。

於是河水又分開了。

後來，拉比的門徒知道此事，便大肆表揚老師：「老師比摩西更偉大，摩西只把水分開一次（即過紅海），老師竟然是三次。」

平情而論，按次數計，三次當然是多過一次。但按意義計，情況便大有不同。

摩西領著過百萬以色列人過紅海，旨在遠離為奴之家的埃及，前往西奈山與神立約，好叫以色列人成為神的選民，並且進入那應許之地，建家立國，成就昔日神和以色列人的祖先亞伯拉罕所立的約。

說到底，摩西拯救了整個民族。拉比只方便了自己和別人。如此看來，單憑次數不足以論英雄。

換言之，單看次數，就是犯了掛一漏萬的毛病。

在此，有人指出，世上大部分人都喜歡說話，並且是口若懸河。但請看看這一句：「我們用了兩年學曉說話，卻要用上一輩子學會閉嘴。」

繼而，我們都懼怕死亡，更願自己能頤享天年。又請看看這一句：「生命有了意義，是因為生命有終止的一天」。

說白了，能夠用多角度審視人生，才能活得高逸、豁達和融通。

第 三 部

# 祂是拉比

# 10 善於教導，個人談道

四卷福音書同時寫下耶穌的故事，足見在世的耶穌的影響力是極之巨大。

約翰福音筆下的耶穌，不單有多重身分，如拉比、先知、王者、神的兒子和人子，作者更力言，在他跟隨主的過程中，不斷有新的發現，以致他從表面認識主，進到深度認識祂。正因此故，我們不妨隨著作者，和他同步地深度認識這位道成了肉身的神人耶穌。

約翰福音有序言和後記，我們有理由相信，作者是先寫下福音書的主體，後才加上序言和後記，才讓其作品面世。按此了解，我們先從福音書的主體著手，隨著作者的寫作思路，尋找神的兒子耶穌基督的蹤影。

話說回來，作為全書的序言和後記，自然是與文章主體有著緊密的關連，因此，在以下的討論中，我們有必要穿梭於主體、序言和後記之間。

由於約翰福音一章 1 至 18 節是半詩體寫成，故被眾學者公認為序言。再者，由於二十章 30 至 31 節，明顯是內文主體的終結，故二十一章 1 至 25 節被公認為後記。端此，整卷書的內文主體便是一章 19 節至二十章 31 節了。

留意由於約翰福音經常出現篇幅悠長的耶穌的講論（如第三章與尼哥德慕的會談，及之後的五章 19 至 47 節及六章 26 至 59 節等），可見作者是要凸顯耶穌實乃傑出的真理教師。在此，作者的思路是耶穌不單是猶太人的拉比，更是世界的光。祂的教導，有如明光照耀，解鎖人生的迷思，喚醒人的昏睡心。

說白了，祂燃亮人的生命，照亮人的前路。祂，其實是真理的體現（embodiment of truth）。

換言之，約翰福音中的真理，並不是指高深莫測的哲理，或是教人超凡脫俗的警世真言，而是指一個人物：拉比耶穌。相信祂的，便是相信真理；遵從祂的，便是活在真理中。而祂離世後，便派遣真理的靈（即保惠師聖靈），長居門徒心裏，持續祂那真理的教導。

話說回來，早於一章 38 節，門徒已稱呼耶穌為拉比——他們問耶穌：拉比，在哪裏住。發問的是彼得和另一位本來是跟從施洗約翰的門徒(此人便是此書卷作者；見上文有關的討論)。作者更為拉比一詞加上註解：拉比翻出來就是夫子。夫子原文是 *didaskalos*，意即教師。端此，作者是要表明，一般而言，耶穌給人的印象，便是教師，一位出色而別具一格、甚至是破格的猶太拉比。

後來，到了二十章 16 節復活主向馬利亞顯現時，馬利亞稱呼主為拉波尼。作者更表明，這是一希伯來語，意思便是夫子。學者布魯斯（F. F. Bruce）指出，此詞是「拉比」一詞的強化版，是語帶敬意的。馬利亞這樣稱呼耶穌，映現了她日常便是這樣恭敬地稱呼耶穌的。[1] 也許，眾門徒也是這樣尊稱他們的老師，這盡顯他們對拉比耶穌的敬意，也折射著耶穌教導之出色，談吐間那浩然之氣，能拓印進讀者心坎，魅力逼人。[2] 由此可見，耶穌作為拉比，表現極為出眾，最為當代人所熟知。

事實上，拉比此語蘊含著「偉大」(great)的意涵，[3] 凡稱人為拉比的，皆是帶著敬意的。[4] 拉比的工作便是教導真理，尤其是摩西律法，可見此職事的重要性。公元一世紀，猶太人更視拉比為一有公信力的頭銜(title)，用來形容公認為德高望重的智者。留意猶太文獻《塔木德》有此言：「猶太社會只要有一天沒有了拉比，整體社會機能就會癱瘓崩潰」。[5]

如是者，門徒等人跟隨拉比耶穌，相信祂，忠於祂的教導，奉行祂的訓言。

可惜的是，耶穌的教導，經常被別人誤會，例如祂和法利賽人尼哥德慕秉燭夜談之時。在此，尼哥德慕如此尊稱祂：拉比，我們知道你是由神那裏來作師傅的；因為你所行的神蹟，若沒有神同在，無人能行(三2)。留意符類福音表明，法利賽人等人認為耶穌是靠著鬼王趕鬼(太十二24)，這跟同樣是法利賽人的尼哥德慕所言的，倒是大為不同。也許，約翰福音的作者是刻意記下此言，好叫讀者們明白，不是所有的法利賽人都針對耶穌。畢竟，尼哥德慕代表了在法利賽教派中較為開明的一羣，[6] 他是帶著誠意，求教於耶穌。[7] 留意他是為官的，大概意指他是猶太公會的要員，[8] 再加上耶穌於該章10節表示，尼哥德慕是以色列人的先生(先生原文乃前文的 *didaskalos*，即教師)，可見此人乃一知識分子，也許亦是猶太人的拉比。

可惜的是，他仍是不明白耶穌所論及的重生之意，並且反問耶穌：人已經老了，如何能重生呢？豈能再進母腹生出來嗎？（三4）稍後，當耶穌解釋重生是指屬靈的再生，即內在生命的更新時，他又再問：怎能有這事呢？（三9）可見他是滿腹疑團，未能領悟耶穌的真言。到了此時，耶穌語帶責備地說：你是以色列人的先生，還不明白這事嗎？（三10）

問題的核心在於，尼哥德慕看事物都流於表層，對於深層的屬靈的事物，卻難於理解，這便是耶穌所言：我對你們說地上的事，你們尚且不信，若說天上的事，如何能信呢（三12）的意涵。[9]

也許，當時尼哥德慕對耶穌的認識仍屬表層，但當他再出現在七章50至51節時，他明顯是在反駁旁人對耶穌的指控。在此，新約學者米高斯（J. Ramsey Michaels）主張，這表現顯出尼哥德慕是屬於相信耶穌的一羣。[10] 如此看來，隨著時間的推移，他對耶穌有了進一步的認識，敬佩之心，亦油然而生。

# 11 常被誤解，卻突圍而出

總的來說，耶穌作為傑出的真理教師，祂的教導，難於被當時的人明白，就是連門徒等人，也是如此。且看約翰福音四章 32 至 34 節耶穌所言的：我有食物吃，是你們不知道的。聽了這話後，門徒等人卻誤以為耶穌是指：莫非有人拿甚麼給祂吃嗎？

在此，耶穌惟有作出澄清：我的食物就是遵行差我來者的旨意，做成祂的工。耶穌視遵行父神旨意，猶如每天皆要進食般重要。[1]

處身於猶太人當中，耶穌的教導的確常被曲解，例如耶穌表示祂將重回父神那裏去，猶太人則以為祂是指自己要自殺（八 22）；及後猶太羣眾更惡意狠批耶穌是撒馬利亞人，甚至是被鬼附的（八 48、52）。

在以上一段論述的結束時，論到猶太人甚至想殺害耶穌（八 59），這在在表明了猶太人對於耶穌的教導是極度反感的。看來，他們是大大錯判了耶穌。

另一事件，便是九章 1 至 39 節記錄的，耶穌醫治一生來是瞎眼的可憐人的例子。

那時，門徒問拉比耶穌：拉比，這人生來是瞎眼的，是誰犯了罪？是這人呢？是他父母呢？（九2）門徒所提出的，是一個極難解答的，有關苦罪的問題。

猶太人一般都以為，若人生來便有身體殘障，有可能的解釋，便是有人犯罪造成（見出二十5；詩八十九32）。然而，這只是當時某些猶太人對身體患病與犯罪之間存在因果關係的看法。有研究指出，從當時文獻顯示，以上的看法並非公論。[2] 在此，耶穌的回答是：也不是這人犯了罪，也不是他父母犯了罪，是要在他身上顯出神的作為來（約九3）。

話得說回來，為何約翰福音的作者要記述這瞎眼的得醫治的神蹟？新約名儒巴列特（C. K. Barrett）所言甚是，他指出作者旨在表示，沒有基督，人的心眼都是瞎了的，無法接受光明。[3] 說白了，這瞎子的眼睛固然需要主的開啟，我們的心眼亦然。

在幾經周折後，這瞎眼得醫治的人終重遇耶穌。此時，耶穌向他表白自己便是神兒子的身分，這人的回應是：「主啊，我信！」就拜耶穌（九38）。總的來說，這人不單是眼睛開了，他的心眼也開啟了。說到底，耶穌的教導是真理，不單能甦醒人心，更能改寫人的生命。

這位真理的教師，不單能治病，更能治命。[4]

可惜的是，整體而論，耶穌的教導，並不受到廣大百姓歡迎，這一點，便是作者於序言中所言：光照在黑暗裏，黑暗卻不接受光（一5）的意思。留意接受一詞又可作抓住、勝過之意。[5] 故這裏的意思是，耶穌的教導及其德行，是有如光照亮活在黑暗裏的人。然而，世人卻不明白，甚至回絕祂的教誨，這是因為：光來到世間，世人因自己的行為是惡的，不愛光，倒愛黑暗……（三 19）。可見世人的問題，是在道德上（moral），而不是在認知上（cognitive）。

儘管如此，這並不表示黑暗便得勝。事實上，在這一場黑暗和光明的屬靈較勁中，光明取得了終極勝利。在此，耶穌於九章 5 節表明：我在世上的時候，是世上的光。端此，祂對世人的呼籲，便是：我是世界的光。跟從我的，就不在黑暗裏走，必要得著生命的光（八 12）。也是因著耶穌的呼籲，作者才寫下此福音書，好叫讀者們能接受這世上的光，從而走出陰霾，告別黑暗，活得敞亮。

如是者，對於「僕人領袖」這課題，拉比耶穌是以身言教，可謂言教與身教並濟。祂本人的降卑行動，包括了為門徒洗腳（十三 4～5）及釘在十字架上，在在成為了一所活動教室，讓祂的教導深切地拓印在門徒的心裏，全因為祂所教的，祂活了出來。

誠然，最撼動人心的，便是為了愛世人，拉比耶穌最終被釘在了十字架上（十三 1～3）。

在教導真理方面，作者指出，耶穌不單把真理言教身教，說實話，祂本人便是真理的體現，這一點於十四章 6 節，透過耶穌的話展現了出來：我就是道路、真理、生命；若不藉著我，沒有人能到父那裏去。此話反映了父神是宇宙間一切真理的源頭，而在世的耶穌不只是真理的教師，祂更把真理展現，並成為紐帶，導引著門徒等人返璞歸真（故是道路），使人跟真理之源的父神感通（見一 17），得著生命。[6]

耶穌作為真理的體現，祂的言教與身教，盡顯祂實乃萬世師表，活得敞亮，更榮光四射，這就是作者在序言中所力證的：道成了肉身，住在我們中間，充充滿滿地有恩典有真理。我們也見過祂的榮光……（一14）。作者表示，在世的耶穌，對人展現出無限量的恩惠及憐憫，祂的教導盡是至理明言。

換言之，來自拿撒勒的耶穌，其教導的場所在內室（三2）、在井旁（四6～7）、在會堂，甚至在聖殿（二13～22，五14，七14）；日常的事物都能成為祂的教材，如嗎哪（六31～32）、活水（六38～39）、牧羊人及羊（十1～10）、麥子（十二24），和葡萄樹（十五1～8）等。祂教導中的睿智，生命底氣的磅礴氣勢，堪稱舉世無雙（十八6）。

說白了，祂是道成肉身的聖子，是真理的化身，是神智慧的體現，[7]就如保羅所舉證的：……神的奧祕，就是基督；所積蓄的一切智慧知識，都在祂裏面藏著（西二2～3）。

從信仰而言，耶穌是基督教的一代宗師，更是全人類的萬世師表，此稱譽實乃當之無愧。

總的來說，活在世上的耶穌，是一位絕世的拉比。

留意約翰福音十五章14節耶穌有言：你們若遵行我所吩咐的，就是我的朋友了。由是觀之，這位曠世拉比，不是高高在上，頤指氣使地指指點點，而是亦師亦友地與門徒同在。於十五章13節時，耶穌有曰：人為朋友捨命，人的愛心沒有比這個大的。如是者，祂被釘死在十字架上。換言之，祂的捨身取義，正正實現了祂在這裏向門徒所教導的。

「患難見真情」，耶穌果真是我們的良朋，更是益友的極致。

## | 末了的話 |

# 耶穌是真光

在約翰福音的序言中，作者表明：那光是真光，照亮一切生在世上的人（約一9）。在整個約翰福音的序言（一1～18）中，除了道（*logos*），光（*phōs*）是另一個極為重要的字眼。

作者形容，這創世以先已存在的道，也即是神，其也稱為人的光（一4）。

與光對立的，便是黑暗（一5）。這一對比，看來是要反映光是具道德性的，因為黑暗通常用作代表敗壞、污穢和不義。按此了解，光便是代表聖潔和公義了。然而，作者真正想要表達的，是光的照明作用——他表示那光是真光，照亮一切生在世上的人。

作者進一步指出光的活動軌迹，那便是照亮世上的人，即世人。

其實，光的照明，是一道比喻，作者旨在指出，道成了肉身之耶穌的出現，及祂在宣講真理時，是有如明光照耀，啟發人心。然而，當時的聽眾們卻反應不一。首先，是正面的反應：

（1）門徒目擊耶穌變水為酒的神蹟，聽過耶穌以聖殿喻作祂的身體的講論後，反應是：祂的門徒就信祂了（二11）；又所以到祂從死裏復活以後，門徒就想起祂說過這話，便信了聖經和耶穌所説的（二22）。

（2）法利賽人尼哥德慕是猶太人的官，他竟然走來向耶穌求教，討論真理，耶穌則和他講論永生的道理（三1～15）。

（3）跟尼哥德慕做對比的，是一背景暗昧的撒馬利亞婦人（四17～18），她及其族人竟然都接受了這光，承認耶穌乃彌賽亞：那城裏有好些撒馬利亞人信了耶穌……因耶穌的話，信的人就更多了（四39～41）。

（4）有一個大臣（四46～54），大概是外邦人（參太八5～13），請求耶穌醫好他的兒子。耶穌用遙距的方式醫好其兒子。祂只説了一句話：回去吧，你的兒子活了（四50）。結果，他的兒子真的好了。作者表明，這是因為那人信耶穌所説的話……（四50），最後，他自己和全家就都信了（四53）。這是耶穌所行的第二個神蹟（四54）。

（5）耶穌行神蹟，餵飽了五千人，他們便都承認耶穌真是那要到世間來的先知（六1～14）。

（6）彼得代表門徒向耶穌宣認：主啊，你有永生之道，我們還歸從誰呢（六68）。

（7）耶穌所行的神蹟中，使拉撒路從死裏復活的那次，使不少猶太人信了祂（七31，十一45）。

以上接受這光的，均是一羣來自不同背景的人，包括了猶太人和外邦人，達官貴人和普通老百姓中的男女。

換言之，是齊集了智、愚、賢和不肖者，足見這光是普照世間的。這一點，在在表明約翰福音的受書人是普世人類。

不過，一如上文所指出的，作者直言：祂來到自己的地方，自己的人並不接納祂（一11；《和修》），可見不少人都狠狠地回絕了耶穌。例如耶路撒冷的人都表明不信耶穌：有指祂是迷惑人的（七12），有指祂不可能是基督，因祂出身寒微，實乃鄉野之輩；總之眾人皆議論紛紛（十19）。對於他們來説，耶穌是一大謎團；祂不單不能照明，更使人視野矇矓，思想迷亂（七40～44；這是因他們的心眼失明了）。

最後，耶穌被猶大出賣，更被判死罪，給釘在十字架上，這代表了黑暗對這光的終極回絕：把光撲滅。留意，光照在黑暗裏，黑暗卻沒有勝過光（一5；《和修》），意即黑暗終敵不過光。在此，耶穌不為死亡所掩埋，反而從死裏復活，以一個更閃亮和榮耀的生命活著——這榮耀便是祂在道成了肉身之前的榮耀（十七5），是那先存的道（pre-existing Word）的威榮。

尤有進者，這世上的主，不單是世上的光（九5），給予一切信祂的人生命之光，使他們不再走在黑暗裏，祂更映照著父神榮耀的光輝（一章1節的道與神同在，可譯作「道與神面對面」〔The Word was face to face with God〕）。惟有藉著祂，人才能到父神那裏去（一18，十四6）。

祂是真光（一9），其明亮超乎日月，照耀於永恆的過去，直到無盡的未來，正如啟示錄二十一章23節所形容：那城內又不用日月光照；因有神的榮耀光照，又有羔羊為城的燈。在此，城是指天上的耶路撒冷，羔羊的燈便是真光耶穌。

畢竟，人心是黑暗險惡的，世人拒絕光是一自然不過的事。不過，也有不少長期活在黑暗裏的人，倒極度渴望得著光的照耀，從而看得清楚，走出黑暗，朝陽而生。以上二者，都是當福音被廣傳時必然出現的現象，這於如今我們的世代亦然。

在約翰的年代，耶穌來了，一個新紀元便開始了。耶穌的言行不單能搖動人的心，更有翻江倒海之能。人必須作出選擇：是相信還是拒絕。在耶穌的時代如此，在我們這一代亦然。觀此，基督教的信仰被排斥和遭打過自是可預期的。然而，卻仍有不少人欣然接受——他們不單接受光，更勇於為光作見證（一如施洗約翰及福音書的作者們）。他們的生命，因靠近那光，竟然亦成為了發光體，為迷路者照明，領他們走出黑暗，欣然踏上光明大道。

作為一羣愛光者，一班極願作光的光明兒女，我們必須排除萬難，勇登「光明頂」，與邪惡力量來一個生死對決。作為真光的跟隨者，我們必須走過傳道之路的高山低峽，靈巧睿智，隨機應變。最終的目的，便是讓真光普照世間。

| 靈思小品 |

## 道成了肉身的意義

道成了肉身，住在我們中間⋯⋯。(約一14)

基督降世為人，飽受人間各類苦痛，終更死在十字架上。然而，在世的祂卻活得強大，帶給遇見祂的人以正能量。在得勝死亡後，祂儼然是得勝主，更給予一切跟隨祂的人得勝的盼望。

在此，讓我述說我的表姨和姑姐的故事。

在二〇二一這一年間，有兩位我所敬愛的長者離世，她們都享年九十多歲，都是我的親人：表姨和姑姐。

表姨早年生活艱苦，和丈夫一起在工廠打拼，之後終於打出一片天，富裕起來，並買了豪宅，居住的環境優雅。她育有兩個兒子，都入讀名校，長大後皆事業有成，並娶妻生子，各自組織家庭，妻子們都賢慧。因者兩個家庭也都生兒育女，表姊真的是兒孫滿堂。

但可惜，她仍終日愁眉不展，常來電抱怨，不是慨歎百病纏身，便是投訴兒子和媳婦們不孝。自丈夫大歸後，表姨疑心更重，本可安享晚年，結果卻是鬱鬱而終。

記憶中的她，總是愁容滿面。時至今天，掛在我心頭的，便是她沒有認識主便離去，永生於她看來沒有著落；想到這裏，我的心很是難過。

至於姑姐，她和丈夫二人一起為生活打拼，僅能糊口。

丈夫走後，她獨居老人院。

她無兒無女，卻有一乾女兒，感情甚篤。

不幸，乾女兒多年前患上癌病離世。離世前叫來妹妹，叮囑她要好好照顧姑姐。

她妹妹和妹夫都是天主教徒，二人相當善心，待年邁的姑姐如母親，經常到老人院探望她。

記憶中的姑姐，總是那張溫善的容顏，暖心的笑臉。每次造訪，她的感恩之言，不絕於耳。

她常表示，自己與丈夫無兒無女，但如今神賜了她一極為孝順的乾女兒(其實是已故乾女兒的妹妹)，實在難得，是神盡顯了祂的恩情。

她祥和的笑臉，盡顯她感恩的心。一想起她，便暖在心間。

我只能說，姑姐的一生看來庸常，但在我心中，她很陽光，很剛強，很不凡。我想，當中祕訣就在於她心中有主，常存感恩。有一次，教會詩班到老人院唱聖詩，她之後不斷提起此事，是既感動亦感恩。

至於表姨，其實我曾多次向她傳道，又常跟她一起禱告，更有教會傳道人登門造訪，誠邀她參加聚會。然而，她都婉拒了，還繼續自言命苦，過她那苦澀的生活。

有時我會想，她是否已經習慣了這種我們看來充滿怨氣和不快的人生？為甚麼她心中的重重牢籠是如此牢不可破？說白了，或許是她的思想決定了她的一生。她的執念猶如魔咒般，毀了她的一生。

有道是「心中有敵，處處皆敵；心中無敵，天下無敵。」有主的平安在心中，胸懷主的豁達心，世界自然變得美好。

## 深度反省

耶穌說：我實實在在地告訴你們，信的人有永生（約六47），所謂「大道至簡」，信耶穌得永生，此話絕非空言。因為心中有永生盼望的人，儘管活在不理想的當下，思想仍趨積極。

末了，負面思想看來是慓悍兇狠，冷酷無情，活活把人掩死。

反過來說，真正的積極思想，是雖然飽經風雨，親嘗苦痛的滋味，心中仍然相信光明（因為心中有主），篤信不移（有主的應許）。姑姐是這樣，但願我們也如此。

## 禱告

主啊，願我心中常有你，好使我常活在光明中，雖然經歷黑暗，仍篤信光明，活得積極樂觀，更藉著自己那強大的生命，導人走上陽光大道。

# 第四部

# 祂是先知

# 12 超級先知，遠超摩西

保羅於哥林多前書一章24節表明，基督是神的能力，神的智慧。神的能力展示耶穌是大能先知的極致，神的智慧映現著祂是睿智超凡的拉比。

耶穌作為先知，按符類福音顯示，這是在世的祂最為人熟識的角色（太十六13～14；可八27～29；路九18～21）。按約翰福音一章19至21節所記，祭司和利未人問施洗約翰，他是否以利亞及那先知時，約翰都加以否認。此情況反映出當時人們都以為，施洗約翰便是瑪拉基書三章3節及23至24節中所預言的，那位末世出現的先知以利亞。不過，其更可能是指摩西於申命記十八章15至18節中所預言的，將有一位像摩西這樣大有能力的先知出現。對於當代的猶太人來說，這位先知的出現，標誌著末世的來到。[1]

畢竟，施洗約翰本來便是以先知的態勢出現（他打扮像先知以利亞；見可一6；太十七9～13），作為耶穌的開路先鋒——耶穌後來也傳講和約翰一樣的信息：天國近了，你們應當悔改（見太三2，四17）。再者，耶穌的公開事奉，是始自施洗約翰被囚禁之時，並大有延續其工作之勢（可一14）；又按約翰福音一章29至35節所顯示，施洗約翰刻意地把耶穌推薦給自己的門徒，如是者，當施洗約翰被殺害後，大部分他的門徒，便都來到耶穌那裏跟隨了祂（參太十四1～12）。由是觀之，眾人都以耶穌為先知，即祂乃延續施洗約翰的先知事奉，是一合乎情理的推想。[2]

然而，約翰福音中的耶穌，不但承繼施洗約翰，祂更遠遠超越施洗約翰，就是連偉大的先知摩西，也被祂遠遠拋離了。

首先，按約翰福音十章41至42節所展現的，不少相信耶穌的人都深知道，耶穌與施洗約翰是不盡相同的，因為：約翰一件神蹟沒有行過，但約翰指著這人所説的一切話都是真的。這裏的意思是，約翰沒有行過任何神蹟，但耶穌所行的神蹟奇事卻是海量（見使徒行傳二章22節中彼得的舉證）。

當然，持反對立場的猶太人卻表明，由於耶穌是來自加利利，而加利利是被看為屬靈的荒漠，因為加利利沒有出過先知（約七52），所以，耶穌不可能是先知。然而，耶穌卻廣施神蹟，於是反對的人惟有強指耶穌是靠著邪惡能力趕鬼（八48）。

畢竟，耶穌所行神蹟之最，便是使拉撒路復活，即叫人起死回生（十一1～44）。在此，新約學者斯特比（Mark W. G. Stibbe）表示，起死回生的神蹟，其意義是超越時空的，其內容儼如一齣充滿懸疑性的戲劇，[3]情況殊不簡單。就如以上的案例，在在舉證著耶穌是一位大能（近乎是全能）的先知。

在任何信仰運動中，先知的魅力和動能是必須的，運動才能拔地而起，聲勢浩大如風捲殘雲。同樣，在世的耶穌若要推動一場猶太教的信仰更新運動，祂必須以一大能先知的身分，散發其莫大的能量和魅力。也因此故，路加福音十章1節表明，除了十二門徒外，耶穌還有七十位門徒（或作七十二位）。尤有甚者，十二章1節更表明有幾萬人聚集，甚至彼此踐踏，為要一睹耶穌那莫大的先知神采。觀此，耶穌那先知性的事奉，席捲巴勒斯坦，後更衝出巴勒斯坦，終演變成世界性的基督教信仰。

還看以色列人中的眾先知。昔日的摩西，曾被視為先知之最。留意出埃及記七章1節，乃耶和華神對摩西的肯定之言：我使你在法老面前代替神。留意在法老面前此句，表明了這會是一場正邪對決的屬靈戰爭，摩西代表著神，法老代表著埃及的神，要看看在這場較勁中誰是真正的強者。

說到正邪的對決，不禁使我們想起以利亞和巴力的先知在迦密山上的對戰：以利亞以天上來的火，大敗巴力眾先知，把他們擊殺殆盡（王上十八25～40）。而摩西則以十災，即水變血之災、蛙災、虱災、蠅災、畜疫之災、瘡災、雹災、蝗災、黑暗之災，和最後的滅頭生之災，把法老及其整個文明古國打得落花流水（出七20～十二36）。按此了解，摩西的能力，遠超以利亞。

留意在十災後，神藉著摩西帶領上百萬的以色列人撤離埃及，神蹟般渡過紅海，此舉更震懾整個巴勒斯坦，其震撼力，從那時直到約書亞入迦南之時，仍歷久不散（見書二8～11）。當時迦南地充斥著占卜和行邪術的人，為了把這些人排除在神子民的體系外，不讓其玷污神的子民，耶和華神便藉著摩西的教導，提醒以色列人要嚴加防備，潔身自愛（見申十八10～22）。

總的來說，摩西的教導，成為檢測真假先知的石蕊試紙（litmus paper）。

因著摩西，以色列人才能建家立國，與耶和華神立約，成為神的子民。如是者，摩西是以色列民族的救星，是代表以色列人跟神立約的中保；他代表了耶和華神，頒下誡命，在曠野廣施神蹟，儼然是一位史無前例的先知。

在此，約翰福音的作者經常提及摩西，目的就是要把他與在世的耶穌作對比。[4] 例如約翰福音一章17節，作者表明律法是來自摩西，恩典和真理卻是來自耶穌。作者這裏的意思是，昔日神的恩典是藉著摩西頒佈律法而來，但如今神的恩典便是耶穌基督——祂是神恩典和真理的體現。其言下之意，便是道成了肉身的耶穌，是遠遠超越摩西。[5] 摩西是人，是中保，他負責頒佈神的律法；對比起來，耶穌祂本身便是神的啟示。在此，新約學者基拿（Craig S. Keener）說得好：「在啟示上，耶穌是遠勝摩西。」[6]

抑有進者，作者於五章45至47節再言摩西時，其中的一句是：你們如果信摩西，也必信我，因為他書上有指著我寫的話（五46）。耶穌所言，大有可能是指摩西於申命記十八章15至18節，向以色列人所預告的耶和華神的應許：在他們弟兄中間給他們興起一位先知，像你〔指摩西〕。我要將當說的話傳給他；他要將我一切所吩咐的都傳給他們（申十八18）。端此，耶穌便是摩西所預告的，那位傳神一切話的先知，就如門徒腓力在一章45節所力陳的：摩西在律法上所寫的和眾先知所記的那一位，我們遇見了，就是約瑟的兒子拿撒勒人耶穌。

留意這位預言中的先知，祂的教導，便是神的一切話，可見祂是神啟示的終極。[7] 在此，約翰福音記述耶穌的教導時，經常出現這一句：*我實實在在地告訴你*（約三 3、5，五 19、25，六 47、53 和十四 12 等），凡二十五次之多。在原文裏，*實在*即是「阿們」一詞，這是音譯自亞蘭文，有「真實」的意思；其一般出現在禱告結束時，以表示禱告者是滿有誠意地禱求。*實實在在*便是「阿們阿們」了，重複的「阿們」明顯是有強調的作用。在此，約翰福音作者是要指出，耶穌的說話是具有絕對的屬靈權威。

尤有進者，更有學者主張，*實實在在*此措辭，其實是等同於舊約先知書中的「主耶和華如此說」，或是「這是耶和華說的」。[8] 由是觀之，耶穌不單是代表著神說話的先知，祂那金石良言的教導，如同是神在說話。

說到底，耶穌是神對世人終極的啟示（見來一 1）。

作為猶太人的先知，耶穌卻被大部分猶太人，尤其是權貴們所回絕。反而，背景複雜的撒馬利亞婦人卻能認出祂是先知，她的一句：*先生，我看出你是先知*（約四 19），在在反映著撒馬利亞婦人獨具慧眼。[9] 抑有進者，在繼後的談話中，撒馬利亞婦人更確認耶穌便是那要來的彌賽亞，即從神而來的受膏者（四 25～26）；她又歡喜若狂，趕忙把這認知告訴族人，她力邀族人同去和耶穌相遇：*你們來看！有一個人將我素來所行的一切事都給我說出來了，莫非這就是基督嗎？*（四 29）

留意，摩西兩次使磐石湧出水來，第一次用杖擊打磐石，第二次則只要直接吩咐便可（見出十七 5～6；民二十 8），[10] 目的是供以色列人飲用。在對比之下，耶穌則在婚宴中把水變成酒（約二 1～11），更應許撒馬利亞婦人賜下活水（四 10、12）。由此可見，把水變成酒，及水是活的（living water），兩者都潛存著重要的屬靈意義。其指出了耶穌是比摩西更超越，因為祂把摩西昔日所行的神蹟，進一步升格，其結果便是使人相信，並且得著生命，一如作者在二章 11 節所表明，因著耶穌把水變成酒此神蹟，門徒就信祂了。

按以上所言，昔日摩西所不能的，耶穌卻達成了。跟隨摩西的人都死在曠野，因為他們都不信；就是連摩西自己也死了。然而，信靠耶穌者必永遠不死（十一 26），因為信的人雖然死了，也必復活（十一 25）。

留意六章 1 至 15 節記錄的耶穌餵飽五千人（指男丁）此神蹟，其也出現於符類福音（太十四 13～21；可六 37～44；路九 10～17）。學者們大都相信，作者是看過符類福音的傳統資料，[11] 然後才寫下約翰福音。在選材上，他大都避免重複符類福音所記的，不過這餵飽五千人的神蹟，倒是一例外。[12]

原因大概是由於在上文（即約五 45～47），耶穌談及摩西。祂說：你們如果信摩西，也必信我……（46 節）。然後作者便寫下這餵飽五千人的神蹟，其目的是昭然若揭的，便是要把耶穌與昔日的摩西作比較。

昔日的摩西祈求神，神便把嗎哪賜給在曠野的以色列人。同樣，耶穌亦能藉五餅二魚滿足在場所有人的需要。留意在這神蹟之後，在場人士的反應是：……這真是那要到世間來的先知（六 14）。他們所指的，便是摩西曾在申命記十八章 15 至 19

節預言的，有一位像他一樣的先知將會出現；耶穌便是這位預言中的先知。

說到底，作者的意思是，摩西是先知，耶穌更是。摩西的預言，舉證著這一點。

稍後，耶穌更明言：……那從天上來的糧不是摩西賜給你們的（約六32）。意即是說，摩西只能賜下嗎哪，人吃了得以裹腹，但心靈卻仍飢餓。能滿足人心靈的，便是天糧。稍後，耶穌更指著自己說：我就是生命的糧。到我這裏來的，必定不餓；信我的，永遠不渴（六35、48～59）。意思是，祂不單能賜下天糧，祂自己便是天糧，人吃下天糧，便是與祂的生命交融。如是者，耶穌表明，這人便常在我裏面，我也常在他裏面（六56），即互相內住（mutual indwelling），這人也因而得著永生（六54）。

稍後，耶穌又以葡萄樹和枝子的比喻，闡明這生命交融的道理（十五1～5）。枝子若連在葡萄樹上，生命自然得著源源不斷的營養，枝子便生生不息，永不枯萎，結果纍纍。觀此，主的生命與信的人生命交融，達成主心我心的屬靈佳景。這樣，信的人一生所求所想的，都必能成就。

換言之，與主聯上，這人必能活出一個更好的自己，成就未來眾多的可能。

留意作者不單把耶穌和摩西扯上關係，他似乎更是在指出，耶穌帶來了一個新的出埃及（new exodus）。

對於猶太人來說，摩西的出埃及實乃民族史上的創舉和大事。整個出埃及的過程，都有雲柱和火柱引路：日間雲柱，夜間火柱，總不離開百姓的面前（出十三22）。對比起耶穌的新的出埃及，祂本人便是那照明前路的，是世界的光。耶穌力陳：跟從我的，就不在黑暗裏走，必要得著生命的光（約八12）。生命的光主要是指這光能引導人走在永生的路上。[13] 對比起摩西的出埃及，除了迦勒和約書亞外，其他的以色列人都倒斃於曠野，湮沒在大漠黃沙裏。

稍後，這世界的光耶穌將離開世界，但這並不表示祂不再引導神的子民，因為祂會派遣另一位保惠師聖靈。在此，耶穌表示：我要求父，父就另外賜給你們一位保惠師，叫祂永遠與你們同在（十四16）。這位保惠師便是真理的靈（十六13～15），也即是聖靈（見二十22），聖靈內住於神子民的生命裏，對比外在的雲柱火柱，在引導上是更貼身、貼心和同步，不論是春暖花開、夏日驕陽、秋風送爽、冬寒雪冷，聖靈都全天候與信徒同在。

在約翰福音耶穌悠長的講論中，作者不時附以自己的詮釋，以致我們或許難於辨識哪些話是耶穌親口說的，哪些是作者對耶穌教導的闡釋。舉例說，在三章1至15節，作者記述了耶穌和尼哥德慕論重生的對話，到了16至21節，我們便難於確定，其仍是屬於談話的內容，還是作者本人的詮釋。

學者米高斯（J. Ramsey Michaels）所言甚是，他指出不論原本其是出於耶穌，還是出於作者，用意都是要讀者們看三章16至21節所說的，都是來自耶穌，因祂是所有權威啟示的源頭。[14] 在此，我們有此推論：在真理的靈的感動下，作者想起了耶穌所教導的，一如約翰福音十四章26節耶穌的應許：……聖靈，祂要將一切的事指教你們，並且要叫你們想起我對你們所說的一切話，便把其記述下來；又按著聖靈的感動，回想耶穌所言的意涵，進一步闡釋耶穌的教導。[15] 繼而，作者更相信，在聖靈的開悟下，他的闡釋，跟耶穌是心靈相通的，是絕對地一致的。如是者，才產生了以上看起來是有點混淆的現象。

在此，耶穌指出了在出埃及一役中，摩西舉起銅蛇的事件，乃蘊含著重大的意義。首先，銅蛇被舉起的原因，是因為以色列人犯了罪，被火蛇傷者眾，是表明神的審判。不過，百姓懂得後悔，央求摩西求神赦免，於是，在摩西的代求下，神便吩咐摩西造一條銅蛇，被咬傷的人只要有信心，舉目一瞥此銅蛇，便能痊癒（見民二十一 1～9）。如是者，人子耶穌，有如銅蛇被舉起，即被釘在十字架上，產生了救贖和醫治的大能，使相信的人不被定罪，反倒因著相信祂而得著永生。這是一類比，前者只屬預表（type），後者是這預表的應驗。[16]

留意上文所提及的，約翰福音九章 1 至 39 節中那位生來是瞎眼的人，終蒙耶穌的醫治。這人不單眼睛開了，心眼也開了。對比起來，猶太人的權貴們的心眼倒是瞎了。他們不僅魚目混珠，更有眼無珠，正如事件中的法利賽人，竟敢如此妄論耶穌：我們知道這人是個罪人（24 節）；其屬靈的愚痴程度，竟然至此境地。[17]

話說回來，這開了眼的人深度經歷耶穌的大能，蒙主醫治，便信了耶穌，跟從了先知耶穌。此案例說明了人之所以認識耶穌，是先被祂那先知魅力所吸引，然後尋著了那屬靈的路，穩步前行，終能感知耶穌委實是從神而來，是神的兒子，是配受敬拜的主。

| 靈思小品 |

## 生命導師的重要

……拉比，我們知道你是由神那裏來作師傅的……。（約三2）

約翰福音記下主耶穌第一次與人交談的實錄，這人便是尼哥德慕。

他本為法利賽人，也是當老師的，然而他知道耶穌是一隱世高人，故深宵造訪耶穌，虛心求教，實在難得。

在信仰的路上，基督固然是我們生命的導師，不過，在我們的人生中，其實也遇過不少的人，他們的行事為人，堪足我們借鏡；他們的生命有如雲彩，圍繞著我們，成為我們活生生的課堂，開啟我們的人生，導引我們的前路。

話說回來，我很喜歡拍照，更喜歡保留一些珍貴的照片。照片的重要性，不單是因為其拍得精彩，畫面美麗，取景精要，照片中人明艷照人，背景美不勝收，而是我們能從中擷取一些寶貴的回憶。換言之，照片把美好的、珍貴的晃間定格，把美好的回憶記存下來。

在眾多照片中，有一張是經常浮現在我腦海中，勾起一段美好回憶的。那是我赴加拿大升學的第一年，和兩位室友的合照。他們是譚中嶽博士，更有當時仍是神學生的黃家麟牧師。前者在我的成長路上幫了我一大把，他助我找到居所，教我如何煮飯洗衣，帶我回教會，更成為我主日學的教師；後者給了我當傳道人的輪廓。他們都是我的啟蒙老師，屬靈的導師。

此照片舉證著一句老話：「三人行，必有我師焉。」

## 深度反省

留意希伯來書十二章1節有曰：我們既有這許多的見證人，如同雲彩圍著我們……。父母使我們出生，他們的養育成就了今天的我們。生命中出現的屬靈前輩，是圍著我們的雲彩，能啟發我們的思維，助我們成長。

臉書上出現了這樣的一段說話：「我們微小像蜉蝣，朝生暮死，發的都是蜉蝣夢，終有一天夢想飄遠而破滅。」有見及此，我們極需要父神派來特使，為我們指點江山，照明前路，我們才能破繭成蝶，振翅高飛，活出彩虹。

為了不辜負他們的美意，我們必須迎難而上，風雨兼程，揚帆於人生的汪洋。

## 禱告

求主賜我一顆受教心，好叫我不會錯過那些堪足自己學習的人。我願孜孜以求，好學不倦，成長不斷。

# 第 五 部

# 祂是神的兒子

# 13 | 君王，神的兒子

四福音同時指出，耶穌是神的兒子（見太八29，十四33，十六 16；可一 1；路八 28；約一 18、49，三 16，五 25，十36，十一 4、27，十九 7，二十 31）。[1] 然而，馬可福音經常表示，耶穌是刻意隱藏祂那神兒子的身分（如可一25、34，三 12，八 30，九 9），門徒也看不清耶穌的來頭（可六 52，八 17）。換言之，耶穌的真正身分是朦朧的，甚至連跟祂一起生活的門徒也看不懂祂（同時也映現著門徒的愚拙）。學者韋德（William Wrede）稱此現象為「彌賽亞奧祕」（Messianic secret）。[2] 要解釋此情況並不難，學者們的共識主要有二：

（1）耶穌不願意被旁人誤會，以為祂是如猶太人所期望的，要振興國族，把羅馬政權打敗，好建立如大衛王朝般，一個既獨立、又強大的王國。
（2）眾人都只想耶穌為他們解決貧病的問題，這樣一來，便會妨礙了祂宣揚天國福音的使命。

至於約翰福音，並沒有把耶穌那神兒子的身分隱藏。作者是反其道而行，早於一章18節，便開宗明義地表示耶穌是神的獨生子。祂所行的神蹟，其實是一「標誌」(sign；又可譯作「記號」)，指向祂的神性——祂是從神而來的，神的兒子。這正是作者寫下福音書，記述耶穌的生平事迹的原因：但記這些事要叫你們信耶穌是基督，是神的兒子……(二十31)。

留意，羅馬帝國也稱呼君王為神的兒子。這一點，是有如我國稱呼君王為「天子」。事實上，自從凱撒奧古斯督(Caesar Augustus，公元前63年～公元14年)於公元前二十七年榮登帝國的最高權位後，[3] 羅馬的體制，便從共和制度轉變成君主獨裁。[4] 這是因為原名渥大維(Octavian)，後被國家譽稱為凱撒奧古斯督(意即偉大者)者，他於公元前三十一年把強敵安東尼(Marcus Antonius)打敗，帝國終能在連綿不斷，長達二百年的戰爭中得著喘息。如是者，奧古斯督安內攘外，平靖天下，被推舉成為終身獨裁官。[5] 由於他那卓越的功績，羅馬帝國享有史無前例的安好。當然，這並不表示帝國真的是國泰民安，但內戰稍斂，國民因而能回過神來，休養生息，過著相對上是靜好的日子。

端此，從凱撒奧古斯督就位開始，即公元前二十七年，直到公元一八〇年，史家稱這段共約二百年的時間為「和平羅馬」，或「羅馬治世」(*Pax Romana*)；這儼然是羅馬帝國的全盛時期。

畢竟，當時羅馬帝國的版圖是前所未有地遼闊，其覆蓋了歐、亞(如敍利亞、巴勒斯坦)、非(指北非)三大洲，要把全國管治到位殊不容易。正因此故，要管治整個帝國，君王必須採取以下兩方面的管治方法，其一是 *potestas*；其二是 *auctoritas*。

*potestas* 是一拉丁語，意即能力（power），是指以法律治國；*auctoritas* 也是拉丁語（此語後來變成英文的 authority），是指以威望達至有效管治。

說實話，*potestas* 是指以法治國，要求在王法之下，人人都必須服從，否則便受處分。這一點，對於擁護政府的羅馬公民而言，他們大都樂意服從。至於其他國族，即被羅馬以其強大的軍事力量征服，然後推行國法於其中的（包括北非的埃及、亞洲的巴勒斯坦等），便很難說了。再加上在地域上，他們距離羅馬政府的核心地帶（即意大利半島及首都羅馬城）偏遠，單憑法治，這是不容易達至有效的管治，這從發生在巴勒斯坦猶太地的多次革命，已可見一斑。

正因此故，羅馬政權漸漸發現，在以 *potestas* 的形式管治之外，還要加上 *auctoritas*，才能達至全面性的管治。

事實上，要達至採用 *auctoritas* 而服眾，領導必須在其所處身的社會中建立聲譽；聲譽超卓者，自然能使人心歸附。換言之，公元一世紀的奧古斯督等君王都知道，要達成全面管治整個帝國的目標，單靠軍隊的震懾是不足夠的。[6] 奧古斯督本人便採用了 *auctoritas*，即大大提升君王的威望，成為他管治帝國的主調。[7]

威望的管治便是把君王的聲望，不斷地提升至舉世無雙的地步，其所強調的，便是君王個人魅力。[8] 這種管治方式，不是基於法律，而是建基於施恩主和受恩人（patron-client；或譯「恩庇—侍從）的關係。[9]

事實上，羅馬帝國盛行施恩主和受恩人的關係，這是因為一般百姓都活在短缺的資源中，他們經常需要求助於一些能夠提供支援的人士（即施恩主）。換言之，艱苦生活使百姓不得不倚靠一些擁有較多資源的人，這已成為常態。然而，受恩的人是需要心存感恩，並且要報答施恩主的付出的。如是者，施恩主及受恩人構成了一互動的、講求知恩圖報的關係。舉例說，有些施恩主捐出巨額資金，為其所住的城市的道路及建設作出貢獻，換來的，便是地方政府的推崇和大眾的欣賞，施恩主便能揚名立萬，在社會上得著榮譽。

施恩主及受恩人的關係深度影響著羅馬社會的各階層。藉著這關係的推行，君王便是全國國民的施恩主，他帶來了太平盛世，國民無不因而蒙福，如是者，全國人民都欠了君王的恩情。端此，國民惟有對君王歌功頌德，服從他的領導作為回饋。這種互動，使君王的管治更到位，國民對君王的服從變得更深層，一如學者所言：「*potestas* 使人不能不服從君王的命令（orders），*auctoritas* 則使人服從君王的建議（suggestions）」。[10] 歸結而論，同時推行 *potestas* 及 *auctoritas*，可說是雙管齊下，才能達成有效的管治。

為了廣泛及有力地推廣君王的威望，各地人民在敬拜神明時，不忘為君王求福祉。如是者，君王才能安坐王位，為敬拜者帶來平靖的好日子。端此，君王儼然是全國的救主（savior）。他有能的管治，為全國人民帶來救恩（salvation），這實在是一好消息——福音（good news/gospel）。

再者，君王管治優秀，皆因他並不是常人，他乃是神的兒子（son of god）。尤有甚者，當君王離世後，人民還是心存感恩，記念他的功德。人民更相信，君王的恩德，使他升格為神明。所以，各地都為君王建廟立像，以作記念及膜拜。

敬拜君王，為其建宏偉的廟宇，便是把君王的威望，提升到至高無上的地位，其威望的管治，便能牢牢地，藉著王權傳位的體制代代相傳。如是者，帝王的魅力才能行穩致遠，帝國的管治，才能連綿不斷。[11] 換言之，君王敬拜，對君王的歌功頌德，能把從一代君王所建立下來的 *auctoritas*，傳承至下一代的帝主。

留意，奧古斯督曾把先帝猶流．凱撒（Julius Casesar）奉為神明，那麼，他自己的地位也得著提升，因他是神的兒子（*divi filus*）。[12] 神的兒子也意味著他是世上惟一能詮釋神心意的人，只有他能帶來真正的長治久安。

總的來說，羅馬的國運亨通，百姓能立身安命，全在乎君王所帶來的彪炳政績。如是者，奧古斯督的帝位及其繼任人便穩如泰山。奧古斯督的管治長達四十年（公元前 27 年～公元 14 年）。

為君王求平安，好叫自己也活得平安，再加上君王敬拜，二者同時滿足了一般百姓的宗教心。如此一來，地上的政權與天上的神明之間，建立起一道牢靠的防火牆，好叫羅馬政權能有效地管治全國，而此舉維持了近二百年，成就了「和平羅馬」的好時年。

| 靈思小品 |

## 博斯普魯斯海峽

從來沒有人看見神，只有在父懷裏的獨生子將祂表明出來。（約一 18）

神是靈，物質界的人自是難於接觸和明白祂。可幸神甚願自我啟示，祂派來了耶穌，成為神人中間惟一的橋樑（即中保）。

耶穌被稱為獨生子（約一 18，三 16），正是「有其父必有其子」，獨生子這身分，説明了祂是獨一無二的。更重要的，便是祂把父神的屬性及救世大計，全然映照在人前。

筆者多年前組團，前往深度考察保羅的宣教行蹤。在行程的某一天，我們來到橫跨亞洲和歐洲，著名的旅遊勝地及軍事要塞：博斯普魯斯海峽（Bosporus Strait）。回想昔日，保羅宣教的拐點，便是在第二次宣教途中出現的馬其頓異象。因著這馬其頓異象的指引（徒十六 9～10），保羅和他的宣教隊伍浩浩蕩蕩，從亞洲的小亞細亞出發，首渡分隔亞洲和歐洲的博斯普魯斯海峽，踏足歐洲，宣教於腓立比、庇哩亞、帖撒羅尼迦、雅典和哥林多等名城。

我們坐著遊船，在博斯普魯斯附近的海域暢遊，好一個藍天白雲，兩岸盡是莽莽樹叢，綠意盎然，別墅洋房處處。有些洋房在靠岸處還建有小小的碼頭，有三兩遊艇停靠著。遠處更有一座清真寺矗然而立，在陽光下圓圓的寺頂閃爍生耀。全程微風吹拂，舒爽得難以言傳，想起昔日保羅也許無暇欣賞這裏的旖旎風光。他的宣教心已是他世界的全部。

「博斯普魯斯」的意思是「渡過的牛」，據說是用來記念希臘神話中一段不風光的破事。

坊間有這樣的説法：話説管治眾神明的宙斯（Zeus），看中了一年輕貌美的女子伊娥（Lone）。於是，宙斯便下了凡間，變成一美男子，無所不用其極地挑逗伊娥。此事卻給宙斯的元配妻子希拉（Hera）知道了。宙斯深知妻子絕對是不好招惹的，她必對伊娥下毒手。惟今之計，便是把美麗的伊娥，變成一頭小母牛，然後帶著小母牛，渡過這海峽，好逃避妻子的狙擊。如是者，此海峽便以「渡過的牛」命名，是為今天的博斯普魯斯海峽。

事實上，身為眾神之最高，宙斯卻是一好色之徒。傳説他已經有七位妻妾，卻還圖伊娥的美色，實在可恥。畢竟，希臘神話中的神明，其實與人間的眾生無異，他們心中充滿嫉妒，彼此爭鬥，更鬥得你死我活，沒完沒了。他們下凡人間，作了很多不雅的破事。

事實上，我國天庭中的眾神明也相若，例如在《西遊記》中，吳承恩描述取西經的唐三藏共有多位徒兒，大徒兒是孫悟空，他本是被譽為齊天大聖的猴王，因大鬧天庭被壓在五指山下；二徒豬八戒，他本是天蓬元帥，但因醉酒好色而被貶人間；沙僧亦然，他本是天庭的捲簾將軍，因犯事而被貶。

總之，在缺乏真理的啟示下，只憑人的想像而創造出來的眾神明，不論中西，其實都是人間事的神話版。說白了，他們的神話，大部分都不過是人生事的縮影。

反觀耶穌基督，聖經表明祂是道成了肉身（一 14），是真神降世為人。祂活得清貧，為人聖潔高尚，並以愛心為馬，仁義為劍，浪迹江湖，濟世為懷。祂甚至因著愛世人而捨身取義，為世人贖罪，釘身十架，好一個仗義俠客行。也因為這樣，耶穌被奉為救世主，是教會敬拜的對象。記述祂生平事迹的聖經（尤甚是四卷福音書），及有關於耶穌的聖物（如十字架）等，都備受世人尊崇，千秋萬世。與博斯普魯斯海峽所記念的「渡過的牛」，即宙斯那不雅事，比較起來可真的是天差地別。

有人說，我們都活在一倒影的世界裏，一切都是鏡中花、水中月。我們因而迷失了。迷失中的人所構思出來的天上眾神明，並不能指點世人迷津，因為神明的所作所為，只不過是世人生態的寫照。由是觀之，作為被造之物的我們，是極需要創造主的自我啟示（self-revelation），我們才能明白宇宙的現象、生存的意義、世局的變遷和歷史的終局等真相。

## 深度反省

創造界的精奇，聖經的啟迪及降世為人的耶穌，便是從神而來的啟示。沒有這些啟示，儘管是漫天神明，神話處處，我們仍是活得矇矓失落。

耶穌基督，是父神而來的神的獨生兒子，祂是神的啟示，更是最終極的啟示（參來一1～2），因為若不藉著祂，沒有人能到父神那裏去（約十四6）。

## 禱告

主啊，除你以外，我沒有任何倚靠，因為只有你，才能把我全然帶到父神那裏。在此，我對你不單是相信，更是篤信不移。

# 14 耶穌，神的獨生愛子

基於上一章的分析，福音書的作者形容耶穌是神的兒子時，必然面對著一大挑戰：若受眾們都視羅馬君王為神的兒子，那麼，當耶穌也是神的兒子，二者到底有甚麼分別？[1]

留意由於約翰福音的受眾，主要是居於以弗所，即小亞細亞一帶的人，有文獻指出，這一帶的城市（包括以弗所），都爭先恐後地表示對君王效忠。考古學更發現，距離以弗所不遠的別迦摩城（見啟一 11），城內建有一宏大的，敬拜君王的神廟。其他的各城各鎮也不甘後人，紛紛建廟供奉君王，因為這樣能換來在位君王的寵幸，獲得許多的好處（如減稅等）。[2] 端此，當約翰寫其福音書時，他向讀者們介紹耶穌也是神，又是神的兒子，祂更是全人類的救主之時——他必須同時指出耶穌非比尋常的一面。

作者首先指出，耶穌是那先存的道。於序言時，作者以道的先存性為始，表明神的兒子是道成了肉身，即以人的模式活在世上。然而，道其實是神（一 1），祂更是創造主及保守萬有繼續存在的守護者（一 2～4）。換言之，這活在世上的神的兒子，是神而人。祂不單是王者，統領著宇宙萬物，更是世上一切生命的原作者（author of all life；見一 4）。[3]

再者，在世的君王本來便是人，人是會老去而大歸的。但耶穌作為神的兒子，卻從死裏復活。當然，如果羅馬的諸王都被視為神的兒子，這樣，神兒子便有多位了。對比下，耶穌卻是神的獨生子（*monogenēs*；一 18，三 16），[4] 是獨一無二的，一如學者基拿（Craig S. Keener）所言：the only one of its kind。[5] 因祂本是神，與父神擁有同等的神性，[6] 並且與父神合而為一（十 30）。這合而為一的意涵如下：

（1）祂有父神完全的神性。

（2）祂的心意，與父神的心意全然吻合。

（3）為了配合父神那愛世人的心意，祂被父神差遣來到世間。換言之，與父合一及奉差遣是不可分割的。[7]

（4）祂排除萬難，捨身取義，更義薄雲天，成就救恩於十架，此舉亦彰顯了父神的大愛。

繼而，這位神的兒子更從死裏復活，舉證著祂真的是神的兒子。對比起來，地上君王都去而不返，長埋黃土地裏。

留意約翰福音全書可分為兩大段落，首段落由一至十二章，可被稱為「神蹟篇」（book of signs）；第二段落由十三至二十一章，可被稱為「榮耀篇」（book of glory）。為了達到寫作目的，作者於第一段落集中描述耶穌所行的七大神蹟，它們都是「標誌」（signs），蘊含著更高層次的屬靈意義。神蹟共有七個，分別是：

（1）變水為酒（二 1 ～ 11）。

（2）醫治大臣之子（四 46 ～ 54）。

（3）醫治久病不癒者（五 1 ～ 18）。

（4）餵飽五千人（六 1 ～ 14）。

（5）耶穌履海（六 16 ～ 21）。

（6）醫好生來是瞎眼者（九 1 ～ 7）。

（7）使拉撒路復活（十一 1 ～ 44）。

這些神蹟包括了征服自然界的神蹟和醫治的神蹟，表明耶穌乃自然界的主及軟弱無助者的救主。留意最後的一個使死人復活的神蹟（即使拉撒路復活），可說是神蹟之最，同時指向耶穌本人亦將死而復活。整體來說，作者稱耶穌所行的神蹟為「標誌」，正如希哲亞里士多德（Aristotle）所言，人的成就，其實是他德行的「標誌」。[8] 故耶穌所行的神蹟，即祂的成就，是祂內在生命的外顯，標誌著祂是神的兒子。

留意在施行第一件神蹟後，作者於二章 11 節表明：這是耶穌所行的頭一件神蹟〔sign〕，是在加利利的迦拿行的，顯出祂的榮耀來；祂的門徒就信祂了。

端此，一如基拿所言，作為具「標誌」性質的神蹟，在其面前，人是要有所抉擇：是相信還是拒絕。[9] 在此，作者表示，這些神蹟的目的，是要使人相信那施行神蹟的耶穌，便是基督（彌賽亞），是神的兒子。

## 14.1 | 僕人君王是耶穌

說到底，這位神的兒子，貴為神國度的王者，不但有施行神蹟的神力，還以德服眾。他自言是好牧人，為羊捨命（十11、27～29）；祂更為門徒洗腳（十三4～15），盡顯僕人君王（servant-king）的服事風範；祂為其子民釘身十架，義薄雲天的大愛大大撼動了世界。

在福音書中的後記部分，作者記錄了復活主與彼得的邂逅。在二人的交談中，「愛」字共出現了七次之多（二十一15～17），這明顯是要強調愛的重要。換言之，神的兒子耶穌和祂的門徒是以愛相繫，達至生命交融，心連心的境界的。對於這位愛世人的恩主，跟隨祂的人也愛祂，甚至以命相酬（二十一18）。

說白了，神的兒子，僕人君王耶穌，是全然以 *auctoritas*，即祂的仁義之政服眾，實施祂對其子民的全方位管治的。「離世」後，祂無須尋覓繼任人治理祂的子民。祂的做法，是差遣另一位保惠師（十六7～10），即聖靈，常與其子民同在（十四16）。留意聖靈又叫真理的靈（十六13），如此稱謂是因為耶穌是真理的化身，故聖靈引導門徒明白真理，並且活在真理中，便等於是使他們活在耶穌的教導和引導裏了。

由此可見，聖靈的工作，是以真理為中心，即是以基督為中心（Christ-centered）了。在此，耶穌曾向門徒如此解說：祂〔指聖靈〕來了，就要為我作見證（十五26）。繼而，祂〔指聖靈〕要榮耀我，因為祂要將受於我的告訴你們（十六14）。如是者，藉著聖靈的導引，門徒便能不斷地感知耶穌的心意，他們因而能看懂自己，看懂人生，更看懂世情和世界的未來；[10] 更重要的，便是對神的兒子有更深層的認識，敬祂愛祂，更遵從祂的誡命。這樣，這位神的獨生兒子，不單是猶太人的王，即一位成就大衛之約，永坐在寶座上治理以色列人的王者；[11] 祂更是神國度的王者，祂的管治持續於人心，使人心悅誠服。

神子耶穌的王權是無須更迭，更是無盡無了。

這位從神而來的神的獨子耶穌，作為王者，祂對人的祝福，便是給予生命，一如作者於二十章31節所言，人可以因信耶穌是基督，是神的兒子，便能因而得永生，亦能活出一個充實和踏實的人生。端此，祂的子民無須不斷地為祂獻祭，祈求上天神明祝福這位神的兒子，相反地，是祂為其子民祈求祝禱（見下文的「大祭司的禱告」）。

## 14.2 ｜ 僕人君王是中保

十七章 1 至 26 節素被譽稱為「大祭司的禱告」（high priestly prayer），其實更應稱為「中保的禱告」（mediator prayer）。禱文的重點，便是求父神保守現今和未來一切跟從主的人，使他們都合而為一（十七 11、20；又 6～26）。

換言之，這位神的獨生兒子，是神與人之間惟一的中保，是人能到達父神那裏的惟一橋樑，就如祂於十四章 6 節所力陳的：我就是道路、真理、生命；若不藉著我，沒有人能到父那裏去。端此，作者於其序言已表明：從來沒有人看見神，只有在父懷裏的獨生子將祂表明出來（一 18），表明出來此語有把神的奧祕公開展示的意思，[12] 故這裏是指道成了肉身、暫時為人的耶穌，將人所不能看見的，屬靈的奧祕展示出來。在此，學者基拿所言甚是：「獨生子是父神完全的啟示」。[13]

再者，正是「有其父必有子」，子全然代表著父，故見子如見父。換言之，在世活著的神的兒子耶穌，全然代表著天上的父神：接受神兒子的，便接受父神，故有了神的兒子的，也有父神；拒絕祂的，也是回絕了父神，是自取滅亡。

平情而論，萬有都是父神創造的，祂賜予世上一切活物有生命，神的兒子既然也是神，與父神合一，祂亦有能力賜予生命，無怪乎作者經常提及，生命之源是耶穌（一 4，三 16，七 37～39，[14] 十四 6，二十 31）。祂來到世界，便是要為這本是沉淪的世道，另闢蹊徑，從而走上一條豁然開朗，通往永生的康莊大道上。正如門徒多馬，他放下一切疑惑，公開承認我的主，我的神（二十 28）。只要人願意公開承認神兒子是神，從而信靠祂，[15] 便能由祂帶領人生，教導真理，指點江山。

| 末了的話 |

## 迷信與真信心

### 布特曼的神學

在近代的新約學者中，布特曼（Rudolf Bultmann）的影響巨大，他寫的約翰福音詮譯（*The Gospel of John: A Commentary*），可算是其代表作。他甚有學養，知識廣博，被學術界形容為有如巨人般的昂然佇立。[16] 他不只是神學家，亦是一位博學多才的哲人及史學家。

布特曼治學認真，經過第一及第二次世界大戰的洗禮，他對人類所謂的文明和科學發展都不以為然。在他活著的年代，科學為人帶來的，到底是禍是福，實在難以斷定，存在主義（existentialism）因而大行其道。在研究人類的宗教現象時，布特曼相信宗教都是人為的，是隨著歷史發展，按著某信仰羣體的需要而演變組合而成。在發展的過程中，把原本是歷史性的人物及事情都神話化了，以滿足某羣體的期望和宗教心。因此，要找出真相，便必須去神話化（demythologization）。[17]

按此了解，若要得著那真正的，活在世上的「歷史性的耶穌」（historical Jesus），便必須將福音中那廣施神蹟的神人耶穌，如剝洋蔥般把神蹟去掉，好讓那真正的歷史性耶穌展呈出來。這一點，約翰福音是最具代表性的因其中所形容的耶穌的神性，是極致的，儼然是基督教這宗教信仰發展的最高峯。[18]

畢竟，神蹟對於現代人來說全屬迷信，對現代讀者來說是不可能發生的，也沒有甚麼意義。再者，神蹟只屬於前科學時期（pre-scientific age），即古時人類的創作。[19] 惟有把神蹟去掉，現代人才能和這位真實存在過的耶穌相遇，從而產生意義（例如更明白自己）。[20]

畢竟，真理不是一套客觀的命題，布特曼提出了一套被稱為「辯證神學」（dialectical theology）的理論，指出人不能靠著科學和理性，了解信仰所賦予的意義，反而，其只能帶來矛盾、懷疑和不安。我們面對信仰，所應持的態度，便是一份個人主觀的領受。人必須拿出勇氣，憑著信心，和真實存在過的耶穌相遇，思維相通，從而有所感悟，是為一「真實的相遇」(authentic encounter)。

按此了解，布特曼採取了宗教歷史法(history-of-religion approach)，[21] 對基督教及約翰福音進行研判和分析。意即是説，基督教的形成，與世上其他的宗教無異。福音書把耶穌奉為神明，是人為的，其是經過一段悠長的時間，從猶太文化開始，走向外邦希羅文化(即跨文化)，因而被其他眾學説(如諾斯底主義)所影響薰染而成。[22] 其中最明顯的，便是約翰福音序言中的道(*logos*)，乃因著諾斯底主義所影響而出現。道，其實是靈界的神和物質界的人的「中間存在物」(intermediate being)，[23] 按此了解，耶穌被視為這「中間存在物」。如此，猶太拉比耶穌竟被升格，成為一神人(God-man)。

對布特曼所言，我們認為其中存在著三大問題，其都與人的預設(pre-supposition)有關：

(1)到底有沒有神，即一位與人類截然不同之聖潔的神的存在？
(2)這位神到底會否自我啟示(self-reveal)？
(3)如果神會自我啟示，耶穌基督是否便是最終極的、最全然的啟示？

如果以上問題的答案都是否定的話，則布特曼的想法和做法，算是無可厚非。否則，他便是以一偏差了的預設，對基督教及約翰福音進行分析和研判，如是者，他的去神話化法便是去得太遠，走得太偏，得來的結果也與事實相距甚大。

福音派學者們所提供的答案，便是*起初，神創造天地*（創一1）；及*太初有道*……（約一1）。留意這裏*太初*，和*起初*原文（後者指舊約希臘文譯本《七十士譯本》）都是 *en archē*，都是指涉神乃造物主，祂是宇宙間所有存在物的「第一因」。祂既創造了萬物，便不是被造之物，是自有永有的。無怪乎在世的耶穌，經常以*我*，*我是*（*egō eimi*）來自稱（此片語的意思可能正是自有永有；參本書頁143），因為祂便是那道成了肉身的神的兒子。

在此，自有永有的神也樂於自我啟示，好彰顯祂的慈愛和榮耀。祂藉著自然界啟示自己，其可稱為普通啟示（general revelation）；後更揀選某些人，選立一個民族：即以色列人，啟示他們以律法（即摩西五經），藉著眾先知的言行，啟示祂的心意（即整本舊約聖經），是為特殊啟示（special revelation）。最後的啟示，便是降世為人的耶穌（來一1～2），是為道成了肉身，作為特殊啟示的極致。

事實上，在神選民的歷史中，神更藉著神顯（theophany），展呈自己，多次向其子民彰顯。但這都是短暫的，惟有神的兒子耶穌，生為嬰孩，長大為人，活在世上，與門徒等人建立亦師亦友的愛的關係。祂的言行舉止，把人肉眼所不見的，天上的父神彰顯無遺。恩典、真理、大愛和信實等，都是神的兒子耶穌活動的軌迹。祂活得優雅，是高風亮節的極致，祂那神兒子生命的強大氣場，不單震撼當時的人，更使其門徒寫下祂的豐功偉績，好供世人閱讀，從而以信心投靠祂。在這過程中，人也能經驗祂的能力和慈愛，皆因如今祂是以靈的模式，與其子民同在。

換言之，當人細讀祂的事迹，深度明白祂是神的兒子，是基督時，聖靈將帶領讀者們的心靈，與活在靈中的主搭接聯上（connected），從而感應祂的同在，應悟祂的智能，應知祂的心意。這便是約翰寫下福音書的初心（約二十 31）。

説白了，布特曼的歷史宗教法並不能令人滿意地解釋基督教的現象。當然，解釋基督教，有其他更好的方法，這方法便是以福音書所説的，都是真實可靠的歷史記錄。即是説，耶穌確實是先存的道，祂成了肉身，取了人的樣式活在世上，祂的其人其事極度震撼，留下的影響延及後世，甚至是千秋萬世。

道成肉身的耶穌，不單是萬世師表，更是教會所敬拜的主耶穌基督，是全人類的救主。

## 真信心

以下是猶太坊間的一個小故事。

有一位猶太拉比，他帶著弟子，雲遊四海，四海為家，浪迹天涯。有一天，他們來到了一座城，打算在城內住宿。但此城甚為情冷，竟沒有人願意接待他們。在晚禱後，他對弟子們說：「主是仁慈的，祂必有最好的安排。」於是，他和弟子便在野地過夜。

他們本帶著一頭驢子、一隻羊及一隻雞同行。牠們被譽為三寶，因為驢子可背負行李，羊可擠奶，雞可生蛋。然而，夜間出現了獅子，把驢吃了。稍後又來了狼，把羊吃了。最後又來了狐狸，把雞吃了。翌日起來，弟子們都因著一夜之間失去三寶而震驚，甚是難過。拉比卻面不改容色不變，氣定神閒地對他們說：「主是仁慈的，祂為我們的安排，一定是最好的。」

弟子們都呆了，不明白何以拉比在失去這麼多重要的東西時，仍對上主抱這麼大的信心。不過，他們不知道的是，在同一個晚上，山賊突襲那城，殺害了不少人，更把其餘的人擄走了。

這故事告訴我們，無論活在世上所遇何事，真信心使我們因著深度認識主，在轉眼仰望祂時，主的慈愛、誠實和大能，便即時全然佔據了我們心靈中的所有空間。如是者，奇妙的事發生了，信心竟自然而生，愁心晃間變成舒心。換言之，只要神是我們心中惟一的大人物，儘管泰山崩於前仍能面不改容，成敗得失都變得雲淡風輕。

説到底，真信心是一理性的、主動的對主的信靠的舉措（active rational trust in Jesus）。[24] 這份理性及主動的信靠，是從深度認識主的神性，尤其是祂的大能和大愛而來的。

## 真正的榮耀

羅馬帝國是一個極權的國家，一個以強搶豪掠而贏取勝利，並以霸凌為榮的霸主。多年來，羅馬以其軍事力量，藉著結盟的方式，把四方強鄰征服。羅馬人也以此為榮。

為了歌頌帝國的強大，被征服者將被帶回首都，勝利者把這些被擄掠的「戰利品」以巡遊的方式示眾，圍觀者都以歡呼載道。事實上，羅馬的凱旋門便是為此而建成。不單如此，各地的鬥獸場和角鬥士場都經常上演帝國把強敵打敗的劇目。觀眾都熱愛這些高抬帝國軍事力量的表演。即使不是上演這些劇目，角鬥士的困獸鬥，同樣是把歡呼、頌讚和榮譽給予在生命對決中的勝出者。

我們的世代也同樣高抬這份俗榮：把對手擊敗、贏在起跑線、要獨領風騷。然而，基督教信仰所提倡的榮譽，卻反其道而行。

基督教信仰所提出的，是一個以高尚的品德、有素養的氣質，即那屬神的捨己大愛，換來別人的心服口服，一如在世的神兒子耶穌基督那樣，祂貴為王者，仍然為門徒洗腳（約十三 3～17），更為門徒捨身取義，釘死在十字架上，成就了為羊捨命的好牧人（見約十 11）職事。因著這榜樣，祂的門徒也以這種捨己為人的方式傳揚真理；

他們更以此為榮。

後來，救主從死裏復活，多次向門徒顯現，在在顯明祂是基督，是賜人生命的神的兒子。如此一來，榮耀和頌讚也隨之而來。

這種榮耀，不是用強權暴力，強搶豪掠得回來，更不是把自己的榮耀，建造在別人的痛苦和羞辱上。換言之，這是一種使別人得益，共享榮耀的榮耀。這種得榮的方式，無須霸凌，更沒有受害者。

基督徒深信他們是被父神特選特派的一羣，以一屬神子民的身分居於世上，旨在完成神聖的使命，宣揚父神的美德，福音的美善。這是何等榮耀的、神聖的職事。儘管他們在世上被別人看為卑賤，也不以為然。因為他們都深知自己的真正身分和使命，如是者，忍辱負重，沉著應戰，相信否極必泰來。

他們的志向是：效法在世的主耶穌，至死忠心。他們的取態是：以信、望、愛安身立命。一切基督的跟隨者都清楚明白，他們是要背起十架，無懼風雨，勇毅地奔向未來的榮耀，這是耶穌基督和一切祂的跟隨者一生的寫照。

第六部

# 祂是人子及基督

# 15 深度認識「人子」

耶穌自言是「人子」(*ho huios tou anthrōpou*),其意義何在,學術界的討論實在是海量,但共識是:旨在把自己那真正的身分隱藏起來。説白了,**人子**其實是有如我們稱呼自己為「小弟」、「在下」等自謙之辭。

「人子」一詞的希伯來文即「亞當之子」,在聖經裏出現凡一百五十二次,詩篇八篇4節將其譯作世人(世人都是亞當之後)。耶穌以「人子」自稱,表面看來,祂只是人中之人,並無突出之處。在此,留意約翰福音八章57節,當時的猶太人是如此形容耶穌:你還沒有五十歲,豈見過亞伯拉罕呢?此言反映了耶穌外表像是一近五十歲的人,但其實祂只三十出頭(路三23)。[1] 也許,因著祂經常帶著門徒,走南闖北,浪迹天涯,風塵僕僕,外貌因而比起實際年紀大多了。如此,便應驗了以賽亞書五十三章2節中對那將要出現的、耶和華的義僕的預言:……祂無佳形美容;我們看見祂的時候,也無美貌使我們羨慕祂;又五十二章14節的這一句:祂的面貌比別人憔悴;祂的形容比世人枯槁。

不過,這位外表蒼老、皺紋滿面的「人子」,也是但以理書七章13至14節中所形容的，那位駕著天雲而來、高升了的「人子」，是滿有尊貴榮耀的王者。

這位從榮耀中駕臨的「人子」，將打敗列強，統管全地，直到永遠。如是者，祂建立一永恆不朽的國度，成就了神原本所給予亞當要治理全地的初心。當然，亞當犯罪失敗了，但這位末世出現的人子，即亞當之後人，卻成功了。[2]

整體而論，福音書把「人子」的事奉分為三個階段：[3]

（1）在地上服事的「人子」（見太八20，十二31～32），強調了世上耶穌那卑微的一面。

（2）受苦的「人子」（可八31，十四21，41），強調了祂的代贖。

（3）得榮的「人子」（太十23，十九28，二十四27、30～31；可十三26），強調了「人子」的高升，其不單是人上人，更成就了但以理書七章13至14節所預言的，那滿有尊榮的，像人子的一位王者，一如馬太福音二十六章64節受審中的耶穌所揚言的：你們要看見人子坐在那權能者的右邊，駕著天上的雲降臨。[4]

在此，約翰福音中的「人子」一詞，出現於以下的經文：一章51節，三章13至15節，五章27節，六章27、53、62節，八章28節，九章35節，十二章23、34節，十三章31至32節。總的來說，作者把這看來只是人中之人的「人子」寫得高升了。祂是極不尋常，是與眾不同的「人子」。

以下是對上述相關經文的一些詮釋：

> 〔耶穌〕又説：我實實在在地告訴你們，你們將要看見天開了，神的使者上去下來在人子身上。（一 51）

耶穌鄭重地宣告作為「人子」的祂，是非同凡響的。因為祂是神的使者，是來去自如的，有如昔日雅各在夢中所見的天梯（創二十八 12）。[5] 換言之，祂是中保，是接連天與地的紐帶，打通神與人之間隔閡的惟一橋樑。[6]

> 除了從天降下、仍舊在天的人子，沒有人升過天。摩西在曠野怎樣舉蛇，人子也必照樣被舉起來，叫一切信祂的都得永生。（三 13～15）

這裏的話難於分辨是來自耶穌本人還是作者。當時猶太人的坊間常流傳，一些豪賢死後是升了天的，例如有一本名叫《摩西升天記》（*Assumption of Moses*）的書，表示摩西死後升了天。在此，耶穌否定這種説法。反而，祂強調了祂是來自天上的，後來更升天，回復榮耀的原貌。在此，「人子」是如昔日銅蛇被舉起（民二十一 4～9）；此舉大概同時是指著在十字架上被釘死的「人子」，及後來從死裏復活，升天得榮。[7] 此舉措的目的，不單如銅蛇能醫好被火蛇咬傷的人，更能叫一切信祂的都得永生（三 15）。[8]

> 不要為那必壞的食物勞力，要為那存到永生的食物勞力，就是人子要賜給你們的，因為人子是父神所印證的。（六 27）

……你們若不吃人子的肉，不喝人子的血，就沒有生命在你們裏面。（六 53）

倘或你們看見人子升到祂原來所在之處，怎麼樣呢？[9]（六 62）

以上三節皆來自耶穌的論述。祂表明「人子」是賜人能得著永生的食糧的一位，此事有父神為祂舉證。這大概是回指耶穌受洗時，聖靈降在祂身上的事件，並且當時父神從天上發聲，表明耶穌是神的兒子（一 31～34）。[10]

接下來，「人子」更明言，「人子」的肉是可以吃，血是可以喝的。這裏可能是指聖餐中的餅和杯。也許，更明顯的，便是這乃一寓意性表達，旨在表明「人子」以其血肉之軀，釘死在十字架上，從而成就救恩，使信的人得著生命。[11]

耶穌聽説他們把他趕出去，後來遇見他，就説：「你信神的兒子嗎？」（九 35）

這裏的神的兒子，有古抄本作「人子」（見《新譯》）。在比較古抄本和異文（variants）後，新約學者卡森（D. A. Carson）亦主張，這裏應作「人子」。[12] 在此，耶穌問這被醫好了眼睛的人：你信人子嗎？由於耶穌以「人子」自稱，信「人子」便是信祂本人了。事實上，耶穌是在發出邀請，希望這眼睛被祂醫好的人，心眼也敞開，並以信心投靠站在他面前的「人子」耶穌。

> 耶穌說：「人子得榮耀的時候到了。」（十二 23）

這一節出現在耶穌榮進耶路撒冷守節之時，祂的舉動甚至吸引幾個希利尼人，也來尋找耶穌（十二 12 ~ 22），耶穌因而被觸動，說出以上的話來。[13] 正如卡森所言：「外邦人前來，已經向耶穌發出了信號，說明公開事奉與等候的時期已經過去。」耶穌有感而發地表示，祂知道自己慷慨就義的時候快到了，這便是人子得榮耀的時候到了的意涵。

> 眾人回答說：「我們聽見律法上有話說，基督是永存的，你怎麼說『人子必須被舉起來』呢？這人子是誰呢？」（十二 34）

按以上經文的展示，眾人有此想法：舊約聖經只談及基督是永活永存的（見賽九 7；結三十七 25；詩八十九 37），那麼，如果基督真的是如耶穌所指稱的，便是「人子」的話，基督又怎可能被舉起來呢？[14] 也許，這一迷思，使不少猶太人拒耶穌於門外，基督怎可能是受苦的彌賽亞？祂怎可能被釘在十架上？祂理應從榮耀中駕臨，榮登大衛的王座才是！在眾人大惑不解下，耶穌卻堅稱，人不明白是因為他們的不信，信祂的人自然有明光引路，並且能順從這光（光是指祂自己，因祂是世界的光；見八 12）。

> ⋯⋯耶穌就說：「如今人子得了榮耀，神在人子身上也

得了榮耀。神要因自己榮耀人子，並且要快快地榮耀祂。」（十三 31～32）

耶穌如此說，是要解釋祂快將被釘在十字架上，此舉實乃父神榮耀「人子」的舉措。其意思是指作為「人子」的耶穌，被釘在十字架上，經歷死亡是必然的，從死裏復活也是必然的。此舉骨子裏是神榮耀自己。換言之，藉著「人子」，父神啟示自己那奇妙的作為。[15] 在此，卡森所言甚是：「整件事彰顯出神拯救的主宰權柄、神那正在破曉的國度。」[16]

留意當耶穌從死裏復活，升天得榮後，再沒有自稱為「人子」了。因為祂那神性榮耀的光輝已表露無遺，稱呼祂為「人子」已不適合。誠然，在多年後約翰寫他的啟示錄，其中又出現「人子」，但其是在異象中，並且充滿神性，是一榮耀的「人子」。

末了，作為亞當之後的「人子」耶穌，祂不單超越同樣是亞當之後的施洗約翰（約十 41～42）和摩西（約一 17），甚至超越亞伯拉罕、雅各和眾先知等（八 52～53，九 28～29）。因為祂是創造生命的神，如今以「人子」現身，取了人的肉身，好叫人通過祂跟父神聯上（connected），並且因著「人子」的代贖，叫信祂的人能找著那通往父神的道路。再者，活在當下者也可奉這「人子」的名，即耶穌的名，祈求父神，一如在世的耶穌那鄭重的應許：……我實實在在地告訴你們，你們若向父求甚麼，祂必因我的名賜給你們。向來你們沒有奉我的名求甚麼，如今你們求，就必得著，叫你們的喜樂可以滿足（十六 23～24）。

| 靈思小品 |

## 走出被困的格局

……人子得榮耀的時候到了。(約十二23)

以上是「人子」耶穌信心的宣言。在世的祂經歷幾許磨練，飽受折騰，終能否極泰來；在被釘十架後從死裏復活，升天及得榮。按此了解，一切跟隨主的人也必如此：苦盡甘來。

事實上，「活在當下」的我們，習慣於注目於當下，駐足於眼前，如世局的困難、人生的坎坷、身體的老弱、病疫的可怕，以為這便是我們世界的全部；其實不然。

我們不妨看看遠方一些我們看不見的人的生活。上世紀七十年代初，我在加拿大升學，那地方距離北方凍土帶不遠。有一次，我專訪長居那地、看來有點像亞洲人的愛斯基摩人，參觀他們所住的冰屋(igloo)，對於他們能在這麼冷凍惡劣的環境下生活，養妻活兒，傳宗接代，甚是佩服。

十年後，即八十年代初，我攜同家人在南美宣教時，曾乘小型飛機，飛往內陸森林，探望一位在工場多年的宣教士。她大半生在當地村落為主作工，帶領原住民信主及成長，數十年如一日。這位已屆中年的女中豪傑，要面對炎夏、疾病、昆蟲，甚至毒蛇的威脅，卻能於這與世隔絕的村落獨自打拼。

只要我嘗試把目光放遠，審視遠方的他們所處身的環境，並跟只顧「活在當下」的自己作比較，我便只能默然不語。再想想，他們的適應能力實在很強，抗逆智商（AQ）很高。他們能，我們也能？

## ｜深度反省｜

讓我告訴各位，二〇二一年全球基督徒增長比率最高的國家，竟然是伊朗及阿富汗兩個信奉斯伊蘭（並打過基督教）的國家。原來歷史告訴我們，基督教的信仰，從來都是「疾風知勁草」，並且是「遇強愈強」。

請不要掛一漏萬，讓眼前的事奪去心中的平安，讓負面的情緒暴走，把你的意志消磨殆盡。因為這樣，便是把宇宙最強的「人子」，擯於世局之外。畢竟，幸福在心中，有時與環境無關。它好像原野的花草，雖被不少人踐踏而過，亦不以為然，有心人反倒駐足欣賞之，讚歎造物主的奇妙。當心中有主，便成了有心人，活著的每一天，都可以是感觸萬千，不斷反省，啟迪處處，活得充實和愜意。

請不要在崇拜聚會時高唱「這是天父世界」，卻在其餘的日子活得像孤兒。留意詩人所堅稱的：洪水泛濫之時，耶和華坐著為王；耶和華坐著為王，直到永遠（詩二十九10）。

## 禱告

主啊，你是全能主，你仍然掌權，在風高浪急的日子裏，你仍主持大局，我全然信靠你。

# 16 ｜ 祂是基督：「我，我是」的意涵

## 16.1 ｜ 祂是基督

作者在撰寫約翰福音的主體文章時，他的結語是：但記這些事要叫你們信耶穌是基督……（二十31）。為了要達成此目標，作者殫精竭力地向讀者們介紹：在世的「人子」耶穌，絕非泛泛之輩。祂不單是出眾的拉比、真理的教師、大能的先知、以色列人的王，祂其實更是彌賽亞，是萬眾期待的基督。

「基督」一語，在新約共出現了五百三十次，在早期教父的作品中也有一百五十次。[1] 其乃音譯自希臘文的 *christos*，其意即受膏者；其亞蘭文是 *masiah*，[2] 音譯成希臘文便是為 *messiah*，而此語只出現在約翰福音中的一章41節及四章25節。[3]

「受膏者」來自「膏抹」一詞，[4] 膏抹的字根有輕輕地抹擦，或是用油塗抹的意涵，而由於其帶有被動意涵，故是指被一有權威人士膏抹。[5] 在古時地中海一帶地方，因氣候宜種植橄欖，故盛產橄欖油。人們都樂用此油，不單因其普遍，更因其煥發著薰香之氣味。人們把此油抹在人的身上，主要有醫療及禮儀的功用。醫治之用，是指把油抹在患者的傷口上，以減輕其痛楚及以防其受感染（見路十34）。禮儀是指在意義上，受膏抹的人

及事，得著天上神明的祝聖，好處理聖務。總的來説，受膏的人物一般是君王、祭司和先知。

值得留意的是，膏抹一詞常出現於詩篇。[6] 其中尤以「王室之詩」（royal psalms），例如詩篇二篇最值得留意。這首詩篇描述君王是受膏者，而新約的使徒行傳四章25至26節和十三章33節，及希伯來書一章5節和五章5節，都分別援引了這首詩篇，用作舉證在世的耶穌，便是這詩篇中所預言的，神所膏立的彌賽亞。

在此，詩篇二篇2節有曰：世上的君王一齊起來，臣宰一同商議，要敵擋耶和華並祂的受膏者。可見，這位以色列君王便是耶和華的受膏者。世上的任何勢力，謀算要與祂為敵者，都必敗亡，因為祂代表著神，與祂為敵等同於是耶和華神的敵人，無怪乎詩人續稱：那坐在天上的必發笑；主必嗤笑他們（4節）。繼而，其他的詩篇，如詩篇十八篇50節亦有曰：耶和華賜極大的救恩給祂所立的王，施慈愛給祂的受膏者，就是給大衛和祂的後裔，直到永遠。此節的首兩句是同義平行結構，表明神所立的王便是受膏者，而這受膏者便是大衛和他的後裔。此理念是來自大衛之約中，神藉著先知拿單對大衛的應許：大衛的兒子（或作子孫），是為神的兒子；其寶座將永存（撒下七14～17）。[7] 稍後的眾先知，都嚮應著這應許，例如耶利米書二十三章5節：耶和華説：「日子將到，我要給大衛興起一個公義苗裔；祂必掌王權……」。[8] 然而，由於大衛的兒子所羅門王並沒有永存，他死後國家分裂為二，後更亡國。可見這位永坐在寶座上的，不是所羅門，而是另有其人。

說白了，祂便是歷代以來，神子民所期待的，那要來復興國族的王者。這王者便是神所特派的，被祂所膏立為王的人物，是為彌賽亞（即基督）。

回到約翰福音，早於一章20至34節，施洗約翰已力言自己並非基督，他出現及事奉的目的，是要為以後來的一位作見證：……我不是基督，是奉差遣在祂前面的（三28）。尤有甚者，施洗約翰更力證：……神賜聖靈給祂是沒有限量的（三34）。沒有限量的意思有三：

（1）聖靈只一次降臨在耶穌身上，是無限無量的，從此便常與祂同在，永不離開。[9]
（2）表示父神藉著聖靈，跟在世的耶穌生命交融，合而為一。[10]
（3）篤定耶穌便是父神所揀選、所膏立的基督。

換言之，聖靈那強力的臨在，是有如膏抹；是一毫無保留的、終極的、從天上父神而來的按立與膏抹。在此，作基督先鋒的施洗約翰，舉證著一度接受他洗禮的耶穌，便是那預言中要來的受膏者，即基督。[11]

稍後，作者記述了在撒馬利亞城內的敍加井旁，耶穌遇見了一位背景複雜的婦人。在言談間，婦人表示，她知道彌賽亞要來；祂來了，必將一切的事都告訴我們（四25）。由於撒馬利亞人篤信摩西五經，故他們相信申命記十八章15至19節中摩西所預言的，[12] 有一位如摩西般傑出的、大能的先知將出來，這先知能告知一切的事。按此推論，這先知便是彌賽亞。

就在此時，在婦人眼前的耶穌，竟然向她表明身分：這和你說話的就是祂（約四26）。這一句在原文是：**我，我是，向你說話的一位**。

## 16.2 | 我，我是

**我，我是**這片語，大有可能是等同於出埃及記三章14節中，耶和華神向摩西的自我介紹：我是自有永有的；此看法是基於《七十士譯本》把此句中耶和華的自稱，譯作*egō eimi*：意即我，我是。[13]

除了上述的約翰福音四章26節外，約翰福音全書共出現了七個**我，我是**之句子，其臚列如下：

（1）生命的糧（六35、48）。

（2）世界的光（八12）。

（3）羊的門（十7）。

（4）好牧人（十11～14）。[14]

（5）復活、生命（十一25）。

（6）道路、真理和生命（十四6）。

（7）真葡萄樹（十五1）。

除此之外，當耶穌在客西馬尼被捉拿時，在黑暗中，兵丁遇見耶穌，他們不認得耶穌，耶穌問他們：你們找誰？他們表示要找拿撒勒人耶穌。當耶穌表示自己就是時，兵丁竟被嚇得往後退卻，更站不住腳，連滾帶爬地倒在地上（約十八4～6）。留意作者是如此描述此情境：耶穌一說「我就是」(原文是**我，我是**)，他們就退後倒在地上(6節)。整個情境極其戲劇性，作者無疑是要在此表明，耶穌那神兒子的氣場磅礴，其震懾威力把在場的敵對者嚇得魂不附體，幾近屁滾尿流，一如卡森所形容：「驚慌欲墜」。[15]

總的來説，**我，我是**的用法，都是指惟有藉著耶穌，人才能得著認識父神的門路，從而得著永生。[16] 換言之，耶穌如此的措辭，目的是要把祂自己，與以色列人所敬拜的耶和華神等同(與父原為一；見十30)。祂的説話，便是耶和華的默示，充滿權柄，聽見的人必須相信，並且惟命是從。

尤有進者，一如上文所言，對比起符類福音，尤以馬可福音所強調的，在行過神蹟後，耶穌禁止祂的神蹟被宣揚(被稱為「彌賽亞的奧祕」)，[17] 約翰福音並沒有記錄耶穌有這樣的做法，反而，要證明耶穌是基督，是神的兒子此一主題，躍然於紙上。

回到耶穌和撒馬利亞婦人交談這一役，作者在此諷刺地表明，猶太人並不歡迎耶穌(參九22)，他們不斷爭論耶穌到底是否基督(七31～32、40～43，十24)，甚至回絕祂，多番試圖殺害祂(七44，八58～59，十39，十二37)。反而，被猶太人歧視，被視為邊緣族羣的撒馬利亞人，倒是慧眼識英雄，整個族羣皆歡迎耶穌，更相信祂是彌賽亞，得救者眾(四39～41)。

作者所記述的，正正舉證著他在序言中的一句：祂到自己的地方來，自己的人倒不接待祂(一11)。不接待祂的自己的人，便是猶太人。相反地，接待祂的是撒馬利亞人，其結果是凡接待祂的，就是信祂名的人，祂就賜他們權柄作神的兒女(一

12）。觀此，信主的撒馬利亞人成為神的兒女，那自認是神的子民，亞伯拉罕之後的猶太人卻不是。耶穌更嚴責那些心腸剛硬的猶太人：你們是出於你們的父魔鬼……（八44）。

畢竟，作者旨在表明，救恩不是只給猶太人，耶穌也不是只作猶太人的王，救恩是普世性的，因為神愛的是普世人類（三16）。儘管在世的耶穌，其活動的範圍只是巴勒斯坦一帶，然而其中相信和接受了祂的，有不少是猶太人之外的人，如上述的撒馬利亞人，及稍後祂在迦百農醫好的一大臣的兒子（四46～54）。這一位對主信心滿滿的大臣，其實是一羅馬的百夫長（見太八5～13；路七12～10）；留意作者還表示，此神蹟是耶穌在加利利一地所行的第二個神蹟（約四54），此言是有強調的作用。[18]

留意約翰福音十一章27節，出現了基督一語，其是出於馬大的口：主啊，是的，我信你是基督，是神的兒子……。此言幾乎完全合乎作者於二十章31節所言的：叫你們信耶穌是基督，是神的兒子……。這宣認，也跟先前撒馬利亞人（四42），及生來瞎眼後被耶穌開眼的人（九38），對耶穌那彌賽亞身分的宣認，別無二樣。[19] 由此可見，馬大的宣認是具代表性的。她所代表的，便是那些跟隨和相信耶穌的人，他們都篤定耶穌是基督。

畢竟，在兩約中間，對於那要來的彌賽亞，到底是一政治性王者，還是一宗教性領袖，猶太人並沒有共識。[20] 也許，這便是耶穌那彌賽亞身分引起猶太人爭論不休的地方（七31～32）。然而，這情況產生了以下兩大結果：

（1）福音書的作者，包括約翰，都因而不敢冒進地直指耶穌便是基督，因怕其引起別人的誤會。換言之。在不適當的時候展示耶穌那彌賽亞的身分，並不能增加當時代對耶穌身分的認識。

（2）一個沒有共識的彌賽亞觀（末世觀亦然），[21] 同時也容許福音書的作者們有空間，為基督一語重新定格。

說白了，重新定格的基督，是包羅萬有的。就如已逝的新約名儒馬卓爾（I. Howard Marshall, 1934～2015）所言，福音書的作者，藉著在世耶穌的言行，把猶太人那含糊的彌賽亞觀加以重塑，重塑了彌賽亞的身分及作為，這是一重新為基督定格的行動。[22]

事實上，按著預言所展示，耶穌被釘死於十架後三天，便從死裏復活，並且多次向使徒和門徒顯現（見林前十四 3～4），後升天得榮。從此，耶穌那尊貴身分便不再隱藏。如是者，初期教會都毫不猶疑地敬拜尊崇祂，就如腓立比書二章 11 節的那句：無不口稱「耶穌基督為主」……。

學者盧雲生（Matthew V. Novenson）研究約翰福音的序言時指出，單單這一章序言，便出現了多個稱呼耶穌的詞彙，如道（*logos*）、光、獨生子、約瑟的兒子拿撒勒人耶穌、神的羔羊、拉比、神的兒子、以色列的王及人子等；作者的用意，是要藉著以上的多個頭銜，經過後來一輪的確定和過濾後，描繪出一幅耶穌的真實肖像。[23] 事實上，以上多個稱呼耶穌的詞彙都是真實的，但亦只可算是片面之詞，並非耶穌真貌的全部。

那歷史性的耶穌，匯集了猶太人及外邦人所期望的，和人類終極的救主的身分於一身。雖然祂以「人子」等角色活在世上，但骨子裏祂是普世人類的救主。祂集君王、先知、拉比、神的獨生兒子，及「人子」等的身分和功能於一身。在此，留意作者記錄了共七位人物，他們都公開地宣認耶穌的神性，這七人是：

(1) 施洗約翰：看哪，神的羔羊，除去世人罪孽的……我看見了，就證明這是神的兒子。(一 29～34)
(2) 門徒安得烈：我們遇見彌賽亞了。(一 41)
(3) 門徒腓力：摩西在律法上所寫的和眾先知所記的那一位，我們遇見了，就是約瑟的兒子拿撒勒人耶穌。(一 45)
(4) 門徒拿但業：拉比，你是神的兒子，你是以色列的王。(一 49)
(5) 撒馬利亞人：現在我們信……是我們親自聽見了，知道這真是救世主。(四 42)
(6) 開了眼的瞎子：「主阿，我信！」就拜耶穌。(九 38)
(7) 門徒多馬：我的主！我的神！(二十 28)

當然，作者寫下福音書的原因，也是為了要見證祂：為這些事作見證，並且記載這些事的就是這門徒……(二十一 24)。在此，我們可以推想，不單是以上多人的見證，還有整體初期教會，其在經過深度調研考量在世的耶穌的其人其事後，都篤定祂是基督。

祂是主耶穌基督（羅一7，五1；林前八6；加一2；弗一2；腓二11；雅一1）；教會奉祂的名聚會，以祂為教會的元首，為敬拜的神，無疑是展示了祂的至高無上和包羅萬有。這正是約翰福音的作者於二十章31節所力陳的：但記這些事要叫你們信耶穌是基督……的原因。作者回首過往，深深地發現，原來在世活著的「人子」耶穌，是包羅萬有的基督，正如牛津大學學者福特（David F. Ford）所力陳，耶穌的重要性是無限無量的（unlimited significant）。[24] 在大喜之餘，約翰不斷與別人分享這奇妙的體驗，就如他在約翰一書一章3至4節所言：我們將所看見、所聽見的傳給你們……使你們的喜樂充足。留意使你們的喜樂充足，有更可靠的古抄本作使我們的喜樂充足。[25] 換言之，作者不但願意分享他所親身經驗的耶穌，更樂此不倦。

在此，作者以文字言情寄意，寫下凡二十一章的耶穌的傳奇：約翰福音。

｜末了的話｜

## 新約的敬拜

留意約翰福音四章24節，主耶穌在與撒馬利亞婦人交談時力陳：神是個靈，所以拜祂的必須用心靈和誠實拜祂。

約翰福音有很多異於其他福音書之處，明顯的一項，便是內容包含多處個人交談的記述。

這些個案包括了各類及各階層的人，如猶太人的長官（第三章的尼哥德慕）、不潔的外族人（第四章的撒馬利亞婦人）、長期病患者（第五章在畢士大池旁，病了四十八年的癱瘓者），甚至是門徒彼得（第二十一章），在在顯示出此書是以普世人類為其讀者。

尤有甚者，跟撒馬利亞婦人談道一役尤顯突出，因為在當時代，身為猶太拉比的耶穌，本不應與婦人在公眾場合談話，更何況她是被猶太人視為不潔的撒馬利亞人。再者，這婦人的婚姻生活可説是一塌糊塗（見約四 16～18）。

不過，最意想不到的，便是在談話中，他們竟然談及敬拜神的問題。

撒馬利亞這一族人相信，敬拜神的地點是十分重要的。故此，他們在其居住的地域內，即基利心山上建有自己的聖殿，以對比猶太人耶路撒冷的聖殿（見約四 20）。然而，耶穌在談話中指出了新約敬拜的真義，就是不在於地點，而是在於神是個靈，所以拜祂的必須用心靈和誠實拜祂。留意此言同時出現凡兩次，可見其重要性（約四 23 及 24）。

再者，此句的心靈和誠實，原文直譯是**靈和真理**。靈，誠然可譯作心靈，然而，在上文的三章 5 及 8 節，靈都是指著聖靈而言。繼而，在七章 39 節，靈同樣是指聖靈，故我們有理由相信，這裏的靈，亦是指著聖靈而言。

至於*真理*，其可以是指聖靈，因聖靈被稱為*真理的聖靈*（約十六13）。但由於作者於一章14及17節表明，在世的耶穌，其生命顯出祂是滿有恩典和真理，而於十四章6節耶穌更明言，祂本人便是真理，只有藉著祂，人方能到父神那裏去（一18）；按此了解，敬拜父神不單要靠著聖靈，還要靠著耶穌基督本人作為中保：祂是真理的體現。

按以上的分析，耶穌所指出的新約的敬拜，是以三位一體的程式進行。在此，我們可以說，我們敬拜的對象是父神，但由於祂是靈，故人敬拜祂的地點不再重要；人惟有藉著聖靈的感動，方能與屬靈的父神感通。再者，人必須奉耶穌的名（參約十六23～24；又太十八20），即以祂為中保，其敬拜才蒙父神接納。

如是者，新約敬拜的公式是為：敬拜父神，要奉主耶穌的名，並且靠著聖靈的感動，才能成事。

在此，我們必須承認，父神是靈，祂跟這物質的世界以及我們這些世人是全然不同的，例如祂那超然的神聖，便使我們敬畏尊崇祂。可幸的是，祂是我們在天上的父，是可親的，是極愛我們的；祂為我們安排了與祂親近的之途：派遣愛子耶穌基督及聖靈到世間來。

因著耶穌的中保工作，我們的敬拜，才能直達父神那裏。我們對父神的認識和理解，也離不開那成了肉身的、先存的道。然而，暫時成了肉身的道，如今已升天而去，故我們必須勤讀福音書，深度了解耶穌的其人其事，從而認識我們肉眼所不能看見的，屬靈的父神。一如約翰福音一章 18 節所言：從來沒有人看見神，只有在父懷裏的獨生子將祂表明出來。

最後，由於父神是靈，我們要與祂接觸，必須敞開心靈，容讓聖靈引導我們進入敬拜中，好叫我們感悟神的同在與同行。

端此，只要我們是奉主的名敬拜，並且容讓聖靈在我們心中工作，敬拜神是可以隨時隨地的；每一天，每一個瞬間，完全不受時間和地點的限制。

人活著，便是要習練與神同行。換言之，敬拜神是一種屬神子民的生活方式。藉著敬拜神的經歷，我們的心靈便得著屬天的力量，生活自然能活力四射。

說白了，敬拜神促成生命的成長，成就一個更好的自己，成全人生的召命。「敬拜生活化」，是我們成長的王道，也是進入豐盛生命的竅門。

｜靈思小品｜

## 愛民如子

……你們也當彼此洗腳……僕人不能大於主人，差人也不能大於差他的人。（約十三14～16）

以上乃一格言，耶穌在在表明，既然作為老師的祂，也為門徒洗腳，門徒也當彼此洗腳。由於初期教會並沒有一如洗禮和主餐禮般，把這洗腳之舉措定立為禮儀，經常奉行，可見這裏主所教導的，是洗腳內在的意思，多於這動作本身。

電視播放一講述內地脱貧的劇集。其中一個使人難忘的情節，便是一位外地專家，跑來這貧窮的村落，幫助他們脱貧。當中，他教導村民在自己的屋前，種植蘑菇。這計劃名叫「庭院經濟」，旨在使村民不用遠走他鄉，便能在家中的庭院幹活，好賺錢養家。計劃看來很吸引。然而，問題來了。

種蘑菇要搭建一帳棚，花費三千大元。這顯然不是一小數目，村民大都要藉著借貸，才能籌足款項，再加上他們從來未見過，甚至是嘗過蘑菇這食材的味道，一旦失敗，他們便血本無歸，對於已經是活得緊絀的他們，情況可不堪設想，於是他們大都不願參加。

為了扶貧，這位專家便聯同當地的書記，及書記的家人，率先成功地種植蘑菇，好成為樣板。如是者，才說服其他人都加入這庭院經濟的脫貧計劃。

然而，問題卻是接踵而來。計劃開始未幾，這地方便有大量蘑菇推出市場，市場很快便飽和，推銷蘑菇變成了眼前的大問題：價格低於成本不在話下，更有大量未能如期出售的蘑菇都臭壞了。

村民都束手無策，不知如何是好，紛紛向書記和專家求救。

這位植菇專家的本領就是植菇，哪會懂得市場經濟，產品推銷。然而，他深深感受民眾心中的苦困，於是便親往遠方的各省市大力推售，後來甚至自掏腰包，以穩住售價。如是者，問題終得著解決。

當這位專家離去時，村民都依依不捨，他們感動不已，紛紛向專家傳遞心意，送上祝福。

在此，深受感動的我，找來一知情人士分享這動人的情節。對方告訴我，內地的脫貧情況，其成功與否，重要的因素之一，便在於此。

換言之，那些派來的專家，加乘以地方的領導，並不只是按本子辦事，而是深入民間，了解民情，愛百姓如家中人，全程提供具體的幫助，全方位地為百姓謀福祉。這是一種以愛民為本的脫貧，其成功也在望。

以上以服事人為己任的領袖，可稱為作「僕人領袖」。

不論是國家、社會及教會，其領袖應是全方位地為其所帶領的羣體謀福祉，而不是高高在上，自以為是，更打著官腔，指點江山；又或者只按本子辦事（便自以為專業），但求安分守己，保住飯碗。

換句話說，領導是否到位，國家、社會，甚至教會是否強大，關鍵便是在此：領袖是僕人領袖，是服事別人的公僕，更愛民如子，還是暴君霸主，橫行霸道，霸凌百姓。

## ｜深度反省｜

在此，我們的救主耶穌本有神兒子的尊貴身分，卻取了人的肉身，成為「人子」，與世人同住，好服事眾生。祂生於當時代的窮鄉僻壤，一個人口不足一千的小城鎮拿撒勒；活一個四海為家、居無定所的飄泊人生。祂行醫趕鬼濟世，廣施神蹟，餵飽數以千計的貧民。祂甚至替罪人受刑，死在十字架上。這份捨己為人的情義，成為歷世歷代作僕人領袖者的典範。

耶穌貴為神的獨生愛子，甘願降卑，好長活在人的心裏，被看進人的眼裏（指閱讀福音書），被傳至人的耳中，被述說於人的嘴裏，更成為萬千作者們寫作的靈感，皆因祂是「僕人領袖」的極致。

## ｜禱告｜

求你給我謙卑的心，好學習你的樣式，進入世界，服事世人，樂此不倦。

第 七 部

# 序言和後記

# 17 道成了肉身

一如上文所指出的，在仔細研究序言和後記後，我們相信約翰福音的作者是先寫下福音書的主體（一 19～二十 31），然後加上序言和後記（留意作者都採用*我們*來自稱；見一 14，二十一 24），才讓其作品面世。這樣，他的耶穌故事，便能首尾呼應。作者實在別具匠心。

在此，牛津大學的學者福特（David F. Ford）指出，序言和後記有著互相緊扣的關係，[1] 他舉了以下一些例子：

（1）序言中的道，參與了創造，成了肉身後，成就了救贖。祂離世升天後，藉著門徒的見證，繼續祂的佈道工作（二十一 24）。

（2）滿有恩典和真理，道成了肉身的耶穌，復活後亦然。如滿滿的魚，共一百五十三條之眾。

（3）成了肉身的道，住在人間；復活後的主，多次向門徒顯現，祂同樣是活在煙火人間。當然，復活後顯現的主又吃又喝，表明祂並不是幽靈（ghost），更不是門徒的幻象。留意使徒行傳一章 3 節更言，復活主留在世上，凡四十天之久，舉證著祂仍然是有血有肉，有形有體地住在我們中間。

(4) 道成了肉身是因著神愛世人。復活後的主甚愛其門徒，向他們顯現，其中尤其是彼得。藉此顯現，復活主寬恕他、肯定他、重建他，把牧養羣羊的職事託付他，向他表明愛的重要。畢竟，道成了肉身是暫時性的。祂升天後，將來必然再來（二十一23），這一點極可能促使作者在稍後時間寫下啟示錄，旨在表明主在榮耀中降臨，是真實可靠和必然發生的。

除此以外，成了肉身的道，不單參與創世，成就救恩；祂的愛，使祂不斷地以恩典待人，施行拯救，這便是作者所表示的，他無法寫盡祂的作為的意涵。留意這一句：我想，所寫的書就是世界也容不下了（二十一25）；書（*biblia*）乃眾數字，故大有可能書是指其他的福音書。[2] 端此，此言暗示了作者大有可能是參考過符類福音等作品，才寫他的福音書。

抑有進者，序言中言及，恩典真理是充充滿滿地（一14），並且是恩典加上恩典（一16），繼而是耶穌得著了無限量的聖靈（三34）。接下來，便是祂賜給人活水，這活水的澎湃能量，能湧流至永生（四14）。稍後，耶穌不單使五千男丁吃飽，那裏還餘下了十二籃子的食物（六13）。再者，祂應許給人豐盛的生命（十10）。在全書的後記中，祂幫助門徒捕魚，漁獲竟多達一百五十三條（二十一11）。一百五十三條魚是一頗大的數目，表明作者精準地數點著漁獲，並且感念遂深。[3]

尤有進者，作者更表示，若然把耶穌的言行都一一記錄下來，所寫成之書將如海量，就是全世界也裝載不下了（二十一 25）。[4]

在研究序言方面，我們將先集中討論序言中的**道**（*logos*），考究其背景及意義，然後再處理作者以**我們**自稱這現象。學者們一直所爭論的，便是道背後的理念，其是來自外邦希哲思想，還是猶太教的背景。[5]

## 17.1 | 外邦背景

儘管作者是為普世人類而寫的，但了解道的外邦背景尤顯重要：其作用是藉此與當時熟識希哲學說的受眾對話。事實上，在當時的希哲世界，道（word；原文是 *logos*）的理念，主要是來自斯多亞學派（Stoic）。這學派相信，宇宙的存在實在奇妙，其運作更是條理井然，在在顯明了宇宙間存在著一度維繫著宇宙的智能。這智能乃常存，顯然是一定律，可稱為道（*logos*）。[6]

這定律看來是無形的，但其具體的彰顯，便是人思想中的理性（reason）。端此，希哲們崇尚人的理性，全力以赴，追求極致：智慧。事實上，哲學（philosophy）一詞，其希臘文原文，便是由「愛」及「智慧」二詞拼湊而成。[7]

話說回來，道存在於天地間，卻沒有位格，[8] 難於捉摸，其定義顯得模糊。在此，約翰福音的作者卻侃侃有詞地力言：道與神同在，道就是神（一 1）。再者，道不單是創造了天地，還成了肉身，住在世人中間（一 14）。[9] 換言之，作者藉著道的概念，與外邦世界建立了一道福音橋樑。

## 17.2 | 猶太背景

上文提及，道是帶著濃厚的外邦希哲背景，[10] 然而道也有著其猶太背景的一面，[11] 且看以下的闡述：

一章 1 節的太初（*en archē*），《呂振中譯本》作起初，此措辭大有可能是回指創世記一章 1 節的那一句：起初，神創造天地（另參本書頁 124）。[12] 換言之，作者是指在創造世界之先，道已經存在，強調了道的先存性。[13] 由是觀之，作者是有意把耶穌基督的事迹，與舊約神的作為緊扣在一起。[14]

再者，太初一詞亦有源頭（origin）的意涵；故這裏一方面是指宇宙之起源，另一方面對於約翰福音的作者來說，是指救恩的起源。如是者，作者是有意把救恩神學和創造神學交融在一起。

話得說回來，道基本上的字義，是指言語，是指內在的思想藉著說話表達出來。其舊約背景明顯是指著其是從神而出，全然代表著神的心意，一如祂以說話創造了世界：神說：「要有光」，就有了光……（見創一 3、6、9、14、20、24、26）。換言之，神的說話，不單代表著能力，更是祂的自我啟示（self-revelation），例如耶和華的話臨到我（賽三十八 4；耶一 4；結三十五 1，三十六 16，三十七 15，三十八 1）。繼而，是這是耶和華說的（結三十七 14，三十九 10、20、29），由此可見，神的說話是代表著「神性的自我表達」（divine self-expression），[15] 並帶著智慧和能力（賽五十五 11；耶二十三 29）。

說到底，作者以道形容先存性的耶穌，更指出這神性的道（Word；留意 W 是大寫的），便是神內在心意的外顯：這道與父神心連心地合一，是滿有智慧和能力的造物主。當然，重中之重的，便是這神性的道（Word），竟取了人的肉身，為作者們所認識，是可觸及和可親近的。[16]

按以上的分析，尤其是創世記一章的主題，便是神的創世，而約翰福音的一章1至2節也明顯是與創世有關（見上文的討論）。換言之，根據這序言的脈絡，認為道的猶太背景應居先，是大有理據的。

在此作者指出，這位降世為人的神性的道（Word），本與神同在，更在創世以先，便參與了創世之舉，如序言中的那句：萬物是藉著祂造的。然後，作者重複地言及凡被造的，沒有一樣不是藉著祂造的（見一3），顯然是要強調，神性的道無疑就是造物主；疊加以創世記一章1節所指出的，神及其靈（即聖靈）都直接參與創造：……神的靈運行在水面上。神說：「要有光」，就有了光（創一3～4），那麼，創造便是聖父、聖子、聖靈的聯動。由是觀之，神性的道，便是三位一體的神，這便是作者所要表明的，道與神同在，道就是神的意涵。

事實上，新約學者米高斯（J. Ramsey Michaels）所言甚是，他指出在序言中，耶穌是Word，在祂的講論中，祂是在說話（word）。如是者，Word成了耶穌一切教導說話（word）的總其成，即Word是word的體現。[17] 因為耶穌就是最終極的神的自我啟示（參來一2），[18] 祂儼然是真理的化身，不單祂所教導的全是真理，祂本人便是真理。祂為人帶來真自由——一種使人從罪裏得著釋放，從而活在真理軌迹上的自由。這自由是從相信祂，並聽從祂那真理之言而來的。

接下來，這位神而人的耶穌，竟然死在十字架上，這便更不可思議。這一點，映現在保羅所言的：十字架絆倒人的地方（加五 11；見《和修》）。

說絆倒人，是因為對猶太人來說，彌賽亞是不可能被掛在十字架上的：掛在木頭上豈不是一被神咒詛的記號嗎？[19] 對於外邦人來說，神救人必然是好像今天的超人，穿上飛行衣，披著斗篷，只要用手一提，便能把快沉淪於大海的人一一救起。哪會需要把飛行衣脫下，然後跳入海裏，冒死把人救起？總之，神成了肉身，被釘死在十字架上，成就救人之舉，是無稽之談，不足為信，故是絆倒人的。[20]

然而，約翰福音的作者卻堅稱，道成了肉身，住在我們中間（一 14），[21] 與人認同，目的是有如來自福樂神學院（Fuller Theological Seminary）的學者愛德華斯（James R. Edwards）所言：「為人類作成人類所不能作成的」。[22]

# 18 「我們」的用意

留意我們一語，多次出現在序言及後記中(一14、16，二十一24)，其作用於上文已有論及，以下作一些補充：

(1) 我們代表了作者及其所處身的羣體，即初期教會，以證明作者所言屬實。誠然，耶穌的生平事迹，是蒙愛門徒，即作者本人的目擊實錄。但我們並不代表其都是目擊者，可見作者此言，是要表示他的目擊見證，為他所處身的羣體所認同，是一羣體共識和公論；這羣體，無疑是指初期教會。這一點，上文已有所討論，早期教父們都共證門徒約翰寫了他的福音書。值得留意的是，學者洛克(A. D. Nock)指出，在外邦世界，使人留意基督教的存在的，不是其所傳的福音，而是來自二者：(1)教會；(2)殉道者。[1] 教會作為一羣體的出現，舉證著基督教信仰的羣策羣力；殉道者大無畏的精神，視死如歸的情操，舉證著基督教信仰的能力，極為矚目。在此，作者採用我們，其作用便是指著這為羅馬社會大眾所熟知的教會而言。換言之，道(Word)果真成了肉身，便是這羣體所共證的。

(2) 留意序言中出現了施洗約翰。當時，施洗約翰聲名大噪，他更致力於推舉耶穌。留意作者本人也名叫約翰，他大有可能也是施洗約翰的門徒，不過相對下他只是一小人物。這一點，大有可能驅使他把自己隱藏起來，一方面不致混淆視聽，另一方面好凸顯施洗約翰的重要職事。此情此景，導致作者在主體文章中以蒙愛的門徒自稱，在序言及後記中卻以我們為代稱。

(3) 上文已指出，當此福音書的宣讀者讀到我們一詞時，他便變成要與作者（即敘事者；narrator）所言的認同。換言之，一如學者布蘭特（Jo-Ann A. Brant）所言，藉著我們，敘事者力邀宣讀者參與其事，同時化身為敘事者，[2] 成為劇中人，通過換位思考，進入與耶穌相遇的奇妙世界裏，[3] 由此，自能感悟敘事者所感悟的，體會耶穌其人其事的燃炸能量和無與倫比的震撼威力。

總的來説，序言中的耶穌，不單是先存的道，祂更是神，亦是光、生命、恩典和真理，以及獨生子等——這正是序言的作用，而作者亦將於稍後的主體文章中對此逐一闡述。

## | 末了的話 |

# 愛的勇者、智者

復活後的耶穌，也是在世的耶穌，祂也吃也喝（約二十一 15）。換言之，祂仍舊吃人間煙火，活於煙火世間。

當然，後記中死而復活的耶穌，其不同之處，[4] 便是祂的神性是全然顯露的，一如序言中所言：這成了肉身的道，骨子裏是神。後記中的耶穌，行了兩大神蹟，即神奇的漁獲（二十一 6～11）及預言彼得未來的命運（二十一 18～23）；而二者都彰顯著復活主對祂門徒的關愛。

在與彼得的交談中可見，復活主很愛祂的門徒（彼得代表了門徒），也希望門徒愛祂（二十一 15～17）。由於這裏的原义出現了兩個愛的字眼（*agapaō / phileō*），此情況引起了不少的討論。不過，最廣為學者接納的，便是二者並沒有分別；不同的字眼，只反映作者寫作時不同的修辭技巧，一如羊（見 16 及 17 節），和小羊（見 15 節），其實都是指牧羊人的牧養對象。[5]

留意耶穌三次問彼得是否愛祂，重複三次，是有其嚴肅凝重的意涵。[6] 事實上，愛這字在這段經文中共出現了七次，可見其重要性。愛是指生命交融的關係；因著這關係，彼得要放下漁夫的身分，轉身成為牧者。這大概便是主那句詢問你愛我比這些更深嗎的意思（二十一 15）。換言之，彼得本是漁夫，擅長打魚，如今卻要因愛主而全然放下，[7] 成為樂於餵養羣羊的良牧（見彼前五1～4）。

在此，耶穌亦預告了年邁之彼得的結局：他要從來去自如的事奉，變成伸出手來，別人要把你束上，帶你到不願意去的地方（二十一 18）。伸出手來，大概是指雙手被釘在十架上；故這裏耶穌是在預告彼得的殉道。[8] 彼得願意如此行，全是愛所使然。[9]

活在愛裏，聖靈也內住其中，真理的靈才能發揮祂那見證基督，叫門徒等人想起在世耶穌的教導的功能（十四 26）。藉此，門徒在追念主的同時，感應復活主的同在同行（十四 17～18），活得堅強有韌勁，更至死不渝。彼得的殉道便是一例。

得著主的寬恕，彼得頓感釋然，他「放下了」；也因著愛，他成為忠信的牧者，他「拿起了」，繼而又「付出了」——所付出的，甚至是他的生命。換言之，愛使他成為了烈士。

人要拿得起，也要放得下。拿得起是勇者，在有必要時能放下，乃智者。在此，彼得是勇者也是智者；他堪稱智勇雙全。

總的來說，信靠主，從而服事主的強者，其實是「強強聯手」。如是者，彼得因而活得更閃耀；蒙愛的門徒也必如此。說到底，我們也可以學習這「強強聯手」之道。

## | 靈思小品 |

# 好學不倦

你們查考聖經，因你們以為內中有永生；給我作見證的就是這經。(約五 39)

道成了肉身的耶穌是 Word，跟從聖靈感動而來的聖經，即 word，都同樣是從神而來的最終極的啟示。

話說在古時猶太地，有一位猶太拉比，名叫艾立澤爾。這位拉比人生的遺憾，便是他在二十八歲時，還未開始學習妥拉。換言之，他治學開始得很遲。

艾立澤爾生在一偏遠的小鎮，父親務農為生，父業子承，他自然亦成了農夫。有一次，父親要求他把一塊滿是石頭的田地犁成沃土，他工作了一整天，然後回到家便痛哭。

父親見狀，問他何解？

艾立澤爾回答：「我想去耶路撒冷，跟拉比學習妥拉。」

父親說：「明白，要你耕石田，實在是辛苦，不如我把一塊良田給你，讓你耕作好了。」

於是，艾立澤爾翌日便在良田中耕作，辛勞了一天。回到家中，他又再倒地痛哭，好像要把靈魂也要哭出來似的。

父親見此慘狀，便追問他何解？

他再度回答說：「我很想去耶路撒冷學習妥拉。」

父親見狀，心中不快，便對他說：「如果你能從這良田中種出食物來，我們再作商議。」

翌日，他努力地在田中耕作。怎料，牛不慎跌了一交，未能犁田。這時艾立澤爾自忖：「如今牛都沒了，我就放下一切，往耶路撒冷學習妥拉了。」

他便離家往聖城學習妥拉去，終成一代名師。他成事了。

那時，他已近中年了。

## ｜深度反省｜

學習是一份心志，是一股熱誠，是一種習慣；是因著內心常存青春，那與年紀無關。

有人說，常在學習的人，是永遠不會老的，他們有的，是青春心和好奇心。

在追求 Word 和 word 的路上，我們必須保守心靈的青春，抱持好學不倦、孜孜以求的精神，這亦正是作者寫下二十一章的約翰福音的初心：因著認識「道」（Word）而得永生（二十 31）；因著聽從祂教導的「道」（word），從而活出一個豐盛的生命（十二 49～50）。

末了，福音書的作者已殫精竭慮，把他所認識的耶穌，活畫在我們面前。他誠邀我們進入他所描繪的奇妙的世界裏，好與復活主相遇，從而建立一信靠祂和愛祂的關係。

請不要不思進取，晃悠地過活，到頭來只剩下「自信」，以為可以憑著自己那丁點兒的人生經驗而高談闊論，指點江山；其實我們早已一無所有。

## 禱告

學海無涯，求主賜我一顆好學心，好受教於真理的道（word），並追求生命之道（Word），和復活主建立愛的關係。

第八部

# 約翰書信

# 19 信的目的：設立防線

一如其福音書，作者在約翰一書、約翰二書及約翰三書這三封信件中，仍是沒有表明自己是誰，這一點自然引起了學術界的討論。不過，按傳統指出，約翰是在以弗所教會事奉，且經過了頗長的時間，而他與此地的教會，也即是受書人，建立了牧者和羣羊的親切關係，如今他寫信給此地教會，信首語中自不必道明自己是誰，受書人也深知道是他。這亦解釋了，何以作者沒有明言自己是誰這現象。

說白了，門徒約翰，既為使徒身分，便是代表了升天而去的耶穌，延續祂在世上的工作，其使徒的屬靈權威，自然是無可比擬，故約翰寫就的三封書簡，狠狠地指斥當時入侵並分裂以弗所教會（約壹二 19）的異端，措辭鏗鏘有力，淋漓酣暢。他同時教導受書人如何能去偽存真，設立一道全方位的防線，以真理（守誡命）及愛心（彼此相愛）重建教會。

換言之，作者所作的，便是在屬神羣體飽受假教師（即敵基督）的蹂躪後，一個被推倒後又重來的生命重建工程。

還看我國古代為了防禦外族入侵，築了超過二萬公里長的「萬里長城」，足見國人守護自己土地的決心。此外，為了防止大漠黃沙的侵蝕，政府在上世紀末便在戈壁沙漠的邊陲，即東北、西北及新疆一帶，植下成千上萬的樹木、灌木和青草，建構成一道長約四千五百公里的防護林地帶，被譽為「綠色長城」（Green Great Wall）。

稍後，非洲仿效中國，亦開始在撒哈拉沙漠的邊沿建起「綠色長城」，蔚為大觀。

回到我們的日常，為了防火，各建築物設有防火措施，如防煙門、防火牆、灑水系統等。再者，為了防範病毒入侵，電腦也裝了防毒軟件。按此了解，為了防範異端破壞教會，約翰亦為教會設下防線，其可歸結為下文的三大向度：

## 19.1 ｜ 第一大向度：教義的防線

從三封書信可反映，假教師在關於基督的神學上大大出了錯。他們主張，在耶穌成了肉身這方面，那不是全面性的。此說法大概是因為在希羅世界，神顯現在人間都只是短暫的，不會久留的。再者，希哲思想認為肉身是殘缺，甚至是邪惡的；至神聖的神，不可能住在一肉身之內。所以，道成了肉身是不可思議，也不可能的。這一點，在約翰一書四章1至3節作者所言中有所映現：……一切的靈，你們不可都信……凡靈認耶穌基督是成了肉身來的，就是出於神……凡靈不認耶穌，就不是出於神，這是那敵基督者的靈……。

乍看下，假教師是在散播類似公元二世紀初出現的衝擊著教會的異端：幻影說（docetism）。這異端本受著希哲二元論的影響，一如上文所指出的，主張物質是敗壞的，靈卻是聖潔的。如果耶穌真的是神，便不可能是人。所以，說祂以人的姿態出現，其實只是人的幻覺使然。觀此，耶穌的死便不是真實的，死而復活也不是真的；如此，基督的死，便沒有赦罪和拯救眾人的功效。這一說法，是全然挑戰著基督教的核心教理。有見及此，無怪乎信中的約翰，狠斥這羣傳異教者是「敵基督者」（antichrist；約壹二 18～22）。

事實上，否定耶穌是成了肉身此說法若然成立，其產生的禍害便極大。首先，其否定了耶穌是神與人之間惟一的中保。若果耶穌不是完全的人，便不能代替全人類死在十字架上，救恩的果效便會消失；救主的地位不保，中保的地位自然也不再。

正因此故，無怪乎假教師自言是沒有罪的，此言暗指他們是不需要耶穌作中保，也不用祈求主的赦罪。在此，約翰的警告是：我們若說自己無罪，便是自欺……我們若說自己沒有犯過罪，便是以神為說謊的……（約壹一 8、10）。反而，我們若認自己的罪，神是信實的，是公義的，必要赦免我們的罪，洗淨我們一切的不義（約壹一 9）。

面對以上假教師的反肉身論，作者是如此反駁：這藉著水和血而來的，就是耶穌基督；不是單用水，乃是用水又用血，並且有聖靈作見證，因為聖靈就是真理。作見證的原來有三：就是聖靈、水，與血，這三樣也都歸於一（約壹五 6～8）。

在此，作者表明，他目擊了耶穌的死（見約十九 26～27），證明十字架上受死的耶穌是有血有肉的人，因他親眼見有水和血從主的肋旁流出來；此外，再加上聖靈在受書人心中引發的感動和印證（約壹五 6～8）。由於申命記十七章 6 節及十九章 5 節表明，見證要來自三方才算有效，所以，水、血，和聖靈，總共三樣，舉證著耶穌是成了肉身這核心教義。

尤有進者，作者於信的開端，早已表明他本人及眾使徒等人是親身經歷那成了肉身的耶穌的其人其事：……就是我們所聽見、所看見、親眼看過、親手摸過……我們也看見過，現在又作見證……將所看見、所聽見的傳給你們……（約壹一1～3）。

在此，作者不斷地表明，關於這位成了肉身，住在人間的耶穌，作者本人便是現場的目擊證人。換言之，作者把自己的誠信，全押在他的舉證上：耶穌真的是成了肉身。端此，耶穌是降世為人，與世人同在，而不是如仙人下凡，然後便拂袖而去，回歸天界。耶穌的救恩，並不是如蜻蜓點水，如超人般把沉淪的罪人抽離罪海，而是祂本人也置身其間，與罪人同行，並且替代罪人受刑，三天後從死裏復活。

事實上，祂戰勝死亡這人類的公敵，叫信徒不因罪而沉淪，反而為一切信祂愛祂的人帶來永生（見約六47，二十31；約壹四17～18）。

總而言之，作者力勸受書人：一切的靈，你們不可都信，總要試驗那些靈是出於神的不是……凡靈認耶穌基督是成了肉身來的，就是出於神……（約壹四1～2）；反之，便是敵基督的靈了。「敵基督」此措辭，是要指出這些人只是口頭上高舉耶穌基督，然而，由於他們否定耶穌是成了肉身，這些人其實是在否定耶穌，是公然與基督為敵者。明顯地，作者是指著以上分裂以弗所教會的異端而言（見約壹二19）。

在約翰二書9節，作者補充了一項重要的教導：凡越過基督的教訓不常守著的，就沒有神……。怎樣才算是越過基督的教訓？基督的教訓大概是指在世耶穌所教訓的一切真理，這真理再由祂的門徒，即使徒，傳承給眾教會。因此，任何看來是「耳目一新」的教導（尤其是涉及教義的），都不能照單全收。教會必須以聖經中使徒們所記下來的、在世耶穌的教導為準則，予以調研審察。

｜靈思小品｜

## 分享，並朋友的可貴：*koinōnia*

我們將所看見、所聽見的傳給你們，使你們與我們相交……我們將這些話寫給你們，使你們的喜樂充足。（約壹一3～4）

留意這段經文的最後一句：使你們的喜樂充足，有古抄本作「使我們的喜樂充足」。按抄本比較學上的審斷，使我們的喜樂充足之意應居先。換言之，作者是以分享自己的屬靈經驗為人生樂事；這也成為他寫下這封信簡的重要緣由。

聖經中 *koinōnia* 一語，有相交、分享和團契的意涵。由此可見，初期教會靈力充沛，大部分是這份主裏的相交和分享所使然（見徒二42）。「彼此相交」是促成整個屬靈羣體能經常活在喜樂中，生命成長不斷的內存動力。

在此，突然想起了香港歌壇老將林子祥那首《邁步向前》的歌詞，很有意思。且看以下一段歌詞的節錄：「孤單的路，風霜滿途，只想有人同我一起趕路……一起趕路，清風滿途，分擔了睏倦也分享驕傲。抹去我臉上塵土，將心中苦惱盡掃，走上前與你邁步。」

以上的歌詞道盡不少人的心聲：能有同路人分享生命的點點滴滴，實乃人生一大快事。我們再看一個發人深省的故事。

有一位猶太長老酷愛打高爾夫球。在一個安息日的早上，他很想打球，但由於猶太人是要在安息日放下一切的工作和活動，貴為長老的他，更應虔守這誡命。然而，長老實在按捺不住了，於是他偷偷地走到一個偏遠的場地打球。

這事給天使看見了。天使飛到神那裏告發這長老。他的告詞是：「貴為長老，竟敢違反教規，背著別人偷偷打球，實在可惡，必須嚴懲。」神的回應是：「絕對正確，這長老知法犯法，實應嚴懲。」

説回這正在忙於打球的長老，他愈打愈有勁，竟然連打十八個洞，並且通通都是一桿入洞。長老興致勃勃，愈打愈興奮。看來，這安息日倒成了他的「良辰吉日」。

這情況令天使大感詫異。他再次來到神面前，滿臉不悦地投訴：「上主，你不是説過要嚴懲這長老嗎？何以你竟使他每一次都一桿入洞？這驕人的成績怎能算是懲罰？」神淡定地回答：「你還不明白嗎？這麼出眾的打球成績，卻偏偏發生在安息日之時，此舉既屬違規，貴為教中長老，哪裏敢告知別人此事？所以，這喜悦之情只能憋在心中，不能與別人分享，這難道不是一項偌大的懲罰嗎？」

留意十七世紀知名學者培根（Francis Bacon）如此説：「分享快樂，加增了自己的快樂；分享憂愁，自己的愁煩減半。」端此，不論是快樂還是悲傷，能與別人分享便是幸福。

但願在我們的屬靈羣體中能多點勸勉，多些生命的分享，以能彼此勉勵，一如希伯來書十章25節所力陳：你們不可停止聚會……倒要彼此勸勉，既知道那日子臨近，就更當如此。那日子臨近，是指主再來的日子近了。按此了解，在這使人心煩意亂的末世，於日常分享屬靈經歷，便是把信仰生活化，喜樂與平安便自來。還有的是，信徒若把生命敞開，彼此分享，各人重擔互相肩負，便可促成信徒相愛相攜，教會同心合一了。

# 20 設立多重防線

假教師存心不良，肆力推銷他們的謬論，不論其動機為何（大都是為了財利），其最終都是損人利己的。以弗所教會的假教師，其品德操守委實欠佳。最明顯的惡行，便是其分裂教會，大大衝擊著屬神的羣體，此舉絕對是缺德缺品的歪行。在此，作者表明：凡有愛心的，都是由神而生，並且認識神。沒有愛心的，就不認識神，因為神就是愛（約壹四 7～8）。端此，除了上文提及，教義上確認耶穌是成了肉身之外，第二道測試異端的方法，便是愛心的測試。

## 20.1 第二大向度：品德的防線

這項測試是絕對合乎情理的。因為神的屬性便是愛：祂愛世人，把自己深愛的獨生子差來人間，目的是要為人作挽回祭（又可作贖罪祭；見約壹四 9～10）。端此，人若真的認識神，便應該滿有愛心才是。如今，假教師卻反其道而行，他們的惡行表明了他們是壓根兒不認識神。

不認識神，從來沒有和祂聯上，可說是假教師的病原體。他們試圖混在信徒羣體中，努力扮演真理教師的角色，維肖維妙，但在愛心的測試下，狐狸終露出尾巴來；他們終被辨認出來，夾著尾巴竄逃。

留意約翰福音十章10節，耶穌曾表明：盜賊來，無非要偷竊，殺害，毀壞；我來了，是要叫羊得生命，並且得的更豐盛。此言清楚表明，憑著其工作果效，是否真的能造就教會，是否熱愛羣羊，他們是真是假，自能被分辨出來（又參太七15～20）。

## 20.2 | 第三大向度：內部的防線

### 20.2.1 提高警覺

在世的耶穌曾表示，在末世時假先知及假基督將湧現，大舉入侵教會（太二十四5、23～26），教會務必把他們辨識出來。這情況就有如狼披著羊皮，暗地裏潛入羊羣中，在不知不覺間謀害羊羣，其殺傷力極大（太七15）。換言之，假教師不是天外來客，一些有如異形的怪物，而是潛伏於教會內，看來道貌岸然，外表敬虔，內心卻是如狼似虎的偽君子。在此，教會不可不知，不可不防。

留意約翰的這一句：……如今是末時了。你們曾聽見說，那敵基督的要來；現在已經有好些敵基督的出來了，從此我們就知道如今是末時了（約壹二18）。意思是，現在便是末世，正如在世耶穌的預言，詭譎多變的末世將有假先知、假基督的湧現（見太二十四11、24），教會必須常存危機感，活在作戰的狀態中。

說到底，末世是波詭雲譎的年代，種種怪現象將更排山倒海而來，高舉真理的教會，是絕對不能掉以輕心的。

### 20.2.2 團結和合一

在與異端爭戰後，神的羣體必受到破壞，故戰後必須以主的愛，重建信徒之間的關係，即以愛相繫相攜，好建立一以愛為本、同心合一的屬神羣體。

留意在約翰三書中，作者特別提到教會內一位差勁的領袖。此人好出風頭，與其他領袖為敵，排除異己，甚至作者門徒約翰也成為他抹黑之列。此人言語惡毒，人格崩壞，實在可惡（約叄 9～10 節）。說白了，他破壞了愛裏的合一，端此，作者特此提及他（他的名叫丟特腓；見約叄 9 節），好叫眾人能在防備他之餘，更以他為誡（約叄 11 節）。

畢竟，看來完美的初期教會，其實也有不肖者，如十二門徒之一的猶大、使徒行傳五章 1 至 11 節的亞拿尼亞夫婦，及這裏的丟特腓，便是其典型。前二者是為財利，第三位大概是為了自己的江湖地位。有曰：「名成利就，是世人所欲」，使人迷失本性，古今如此，信仰羣體也不例外。

不過，作者卻也盛讚另外兩位領袖，該猶（約叄 2～6 節）和低米丟（約叄 12 節）。他們那美好的生命見證實在感人，讀者們要向他們多多學習。

在此，留意古希臘有以下一個傳說：話說有兩位情同姊妹的仙女，一位美麗動人，名叫艷陽天，另一位奇醜無比，名叫幽暗地。當二人下凡人間，美麗的艷陽天深受世人歡迎，人們都希望她能久留。醜陋的幽暗地卻被拒於門外，無人理會。然而，情況是如果你要艷陽天留下，其條件便是同時要接待幽暗地，因為二人感情甚篤，形影不離。

此情境是要告訴我們，人生必然是光明和黑暗的交錯，得與失的交融。教會有光明的屬神兒女，也有披著羊皮的狼；有榮神益人的美事，也有使人心碎的破事，二者必然並存。我們必須接受這一點。好人和不良分子並存於教會，前者成為眾人效法的對象，後者成為一負面教材；這正是約翰書信所要教導我們的。

請留意傳道書七章20節的意思：其實世上沒有時常行善而不犯罪的義人（見《和修》）。即使作為義人者，其實也不過是活一個善惡交織的人生。新約的教導是，如果真的是有義人，其亦是因著信靠主耶穌，才白白得稱為義（見羅三21～24）。

畢竟，教會必須記住，神就是愛。正如作者表明：我們愛，因神先愛我們（約壹四19），故信徒之間彼此相愛是必然的事。再者，愛心不能只是說說而已，而是要配合具體的行動：我們相愛，不要只在言語和舌頭上，總要在行為和誠實上（約壹三18），愛心是要有行為作為支持的。相反地，假教師們卻滿口仁義道德，大談愛心之道，其行為卻是自私自利，殘民自肥。端此，教會必須踐行彼此相愛的道理，才在在展呈其是實至名歸的、末世性的、屬神的羣體。

可惜的是，事別多年，當約翰寫他的啟示錄時，論到以弗所教會，其最大的問題，不是在抗衡異端上，而是在相愛合一上。啟示錄二章4節對這教會的評語是：然而有一件事我要責備你，就是你把起初的愛心離棄了。

學者們會討論，這愛心該是指愛神的心還是愛弟兄的心？

也許，約翰在此是有意含糊一點，旨在強調愛是一種屬靈生命的素質。心中有愛，愛神和愛人的心便油然而生。由是觀之，啟示錄中的以弗所教會，是精於守護教義卻敗於踐行愛心。此情此景，無不使人握腕慨歎。

當然，要解釋這教會何以會落得如此下場，情況可能是：由於曾被異端侵襲，信徒感到沮喪；經約翰鼓勵，果能東山再起，在真道上站立得穩。然而，他們對別人的戒心也因而提高了，正是「一朝被蛇咬，十年怕草繩」，再加上繁忙的生活大大不利於人際關係的建立（留意以弗所是有約二十五萬人口的大城市），久而久之，信徒漸漸變得冷漠，愛神和愛人的心，好像掉進了漫長的寒冬期。

### 20.2.3 恩膏指引

在面對異端的妖言惑眾時，作者提醒教會要依從主所賜的，常存在信徒心中的恩膏之指引（約壹二27）。整體而論，對恩膏所指的意思，意見存在分歧，但主要可分為兩種：（1）指神的話；（2）指聖靈。由於恩膏一詞，原文即膏抹（*chrisma*），故其理應是指聖靈，即聖靈降臨在信徒身上有如膏抹。再者，作者表明，這恩膏是從基督而來的，這一點，嚮應著在世的耶穌在應許差下保惠師聖靈時的一句：……我若去，就差祂來（約十六7）；這裏祂是指聖靈。

值得留意的是，約翰一書二章1節表示，耶穌基督乃神與人之間的中保：……若有人犯罪，在父那裏我們有一位中保，就是那義者耶穌基督。中保一詞，原文是保惠師（Paraclete），此語在約翰福音中用來形容聖靈，聖靈被稱為另一位保惠師（見約十四16～17，十六7～15）。由此可見，耶穌和聖靈都是保惠師；在世的耶穌如何將父神展現出來，啟導門徒明白真理，聖靈也是如此，這便是恩膏在門徒生命中的作用：你們從主所受的恩膏常存在你們心裏，並不用人教訓你們，自有主的恩膏在凡事上教訓你們……（約壹二27）。

以上的分析，亦舉證著福音書及三封書信都同屬一位作者：門徒約翰。再者，神的話是聖靈的默示，二者有著密不可分的關係。神的話提供了客觀的指示；聖靈在信徒心中感動其心靈，則是一主觀的運作。可見神的話及聖靈，二者是相輔相成的。端此，信徒在心靈感知聖靈的工作時，也必須同時客觀地審視神話語的教導。

### 20.2.4 畫清界線

作者警告教會，若發現有人在教會內散播異端之説，便要和他們來一個「斷捨離」。例如不要向他們問安，也不要讓他們進入自己的家（約貳10節）。前者是要避免混淆視聽，以免讓別人誤以為自己與他們同屬一伙；後者的作用，是為免引狼入室，尤其那是用作教會聚會的信徒的家，否則其破壞力將貽害無窮，後果堪虞。

末了，研究約翰神學的權威彭德（John Painter）指出，約翰的著作為我們提供了一扇歷史的窗，使我們一睹脱離了猶太教後的教會，其內部羣體實況及生活網絡到底是怎樣的。端此，約翰書信對我們了解初期教會，無疑提供了重要的線索。

| 靈思小品 |

## 有愛便有家

愛神的，也當愛弟兄，這是我們從神所受的命令。（約壹四 21）

按申命記三十章 19 至 20 節的教導，愛神的人，也要虔守神的誡命。而神的誡命之一，也即是在世耶穌曾向門徒發出的新命令，便是要他們彼此相愛（約十三 34）。教會作為神的家，信徒以弟兄姊妹相稱，其重中之重，便是以愛相繫。這是命令（原文又可作誡命），是永不改變的硬道理。

在此，有一套約三十多集的劇集《歡迎光臨》，情節頗為感人。那是故事中的一段小插曲，其發生在一所位處北京的五星級酒店。話說酒店有一位長期冷著臉的經理，他年少時便離開老家，來到這酒店，從最低層做起，終升至前台經理及酒店總監，成就可謂得來實在不易。他以酒店為家，長期住在酒店。

由於過慣了迎送客人的生活，見盡人情冷暖，他沒有好友，沒有女友，沒有兒女，倒活得自在，更全情投放在酒店的業務上。不過，由於他與其中三位酒店門童相處日久，便漸漸把他們當作兒子看待。雖然他常常冷面言寡，內心卻關心他們的未來，在一些看來是不經意的事上，總暗中為他們籌算和安排。

有一天，他與這三男一起過節。他向他們吐露心事，更透露自己得了末期癌症，身體情況不妙，看來很快便要被迫退休。三男聽後大為震驚，一時不知如何應對此噩耗。稍後，當這經理被問及有甚麼心事未了時，他便表示，他只希望有一個家，可以住在那裏，靜好地度過餘生。

其實，三男早已把經理當作大恩人，他們想了又想，終決定要把經理接回他們所租住的地方。於是他們裝修房間，換上簇新的傢俱，然後把經理接來，三人便輪流照顧他，務必給這位垂危的前經理一個溫暖的家。

最後，經理大歸了。他終圓了夢，歸了家。

## ｜深度反省｜

有人說：「是昨天的我們，造就了今天的自己，也成就了我們的未來。」這位經理在工作時對人的好，換來別人對他的好。這份愛的互動，終使他在生命垂危時，得到別人照顧。我很喜歡以下這三句話：**有了愛，便有家／進相攜，退相守，這便是愛／沒有愛，治了病，卻治不了命。**

末了，請緊記這話：……祂〔耶穌〕既然愛世間屬自己的人，就愛他們到底（約十三1）；另一句是：主為我們捨命，我們從此就知道何為愛……（約壹三16）。有了愛，就有家。有愛我們的主在心中，如是者，歸心便是歸家。

## 禱告

求主助我在愛心上學習互動，你愛我們，我們也愛你。你才是我們永遠的家園。

第九部

# 啟示錄（一）：序言及第一異象

# 21 | 概觀背景

如果我們相信啟示錄、約翰福音及書信，作者都同是一位，即門徒約翰的作品的話（這亦是本書的立場），[1] 則作者在寫啟示錄之時（約公元 96 年），可說已是時移勢易，物換星移，教會面對著前所未有的、排山倒海的挑戰。

時光不斷向前推移，距離作者寫下福音書及書信大概已過了約十年的時間，這時他已是一年過八十的老翁。雖然年事已高，看來已日薄西山，但內在生命卻愈發強大。在飽歷人生滄桑，加乘以服事多間教會的經驗，在聖靈不斷的感化更新下，他的屬靈境界已臻化境。

在事奉上，作者本來好端端地在亞細亞一帶殷勤地牧養教會，卻遭受政府迫害，被放逐到拔摩島上，形單影隻地活著。

此島距離約翰所事奉的以弗所城約一百公里，其處於愛琴海的東岸。全島就是一塊大岩石，長約十六公里，寬十公里，是羅馬帝國用作放逐罪犯的地方，犯人要在此孤絕之地作礦工，何時獲釋則遙遙無期。

約翰被流放到這孤絕之地的原因，相信是因為敬拜君王的事件，一如學者戴夫（Paul B. Duff）所言，約翰的啟示錄，映現著當時作者及其羣體，正遭受政治壓力及迫害。[2] 就如前文所提及，君王為了提高其管治能力，動用了各種手段，以提高其威望（*auctoritas*），例如自命是救世主，是神的兒子，代表著天上的神明治理全地；接下來，君王的誕生、登基作王及治理全地皆被視為好消息（即福音）等。為了進一步提升威望，君王更自封為神明，要求各地為他建廟供奉，全國人民必須奉他為王為主；否則便被看為異見分子，潛存著反帝國的意識形態，是逆天意而行，必遭嚴懲。

當然，對於敬虔的信徒及作者來說，他們只會奉耶穌基督為主，絕不會向凱撒折腰。誠然，當時各地的執法有所不同，例如士每拿城把不拜君王者下監（啟二 10），別迦摩則把這類人士殺害（啟二 13），也許以弗所的刑罰，便是流放於拔摩島。這便解釋了何以作者處身於此地。

在古代，被流放可說是九死一生。如果目的地偏遠，人可能已死在路上。在此，我們可以推想，那時約翰不能帶親人前往，只能形單隻影，孤身上路。在拔摩之野地，可能會因水土不服而得重病，或心靈鬱悶而意志消沉。此時他大可聳聳肩，搖搖頭，認命就算。然而，他心中忘不了他的主和他所牧養過的七所教會。就在一個魂牽夢繞的主日敬拜裏，聖靈大大觸動他，讓他進入異象中（啟一 10，四 2），心靈大得提振。終於，他打破緘默，以神來點睛之筆，寫下他的曠世之作：啟示錄。

有曰不登高山，那知天之高，不臨深溝，不知地之厚。約翰轉折的人生，登峯的屬靈生命，使他深諳世情，了悟末世的意義。

約翰的四大異象，在任何黑暗無望的世代裏，都為信徒帶來新希望。

## 21.1 | 簡述啟示文體

啟示錄是以書信並啟示文學的體裁寫成的。[3] 前者說明了啟示錄是有指定的讀者羣：小亞細亞一帶以以弗所為首、老底嘉為末的七所教會。事實上，作者對這七所教會是有認識的，並且深愛著其中的信徒，才寄語書簡，說之以情，勸之以理，務求強化神的子民的信心，以收牧養之效。換言之，雖然作者身不由己，不能親臨各教會，卻以書信的形式言情寄意。這種牧養方式，大概反映了當時眾教會領袖們的做法，如保羅的獄中書簡（即監獄書信；加上提摩太後書，見提後四 6），以及彼得在被囚及殉道前寫下的彼得後書（見彼後一 13～14）等。

至於啟示文體這類型的寫作格式，按學者們的研究，此文體是以先知預言為基礎，然後將之發揮，好成為一羣被壓迫者緩解其內心的不滿，並且得著勵勉的文獻作品。[4] 由是觀之，啟示文體是有自我保護的作用的，在此，作者運用了眾多強而有力的影像（multitude of powerful images），其以啟示性的象徵（apocalyptic symbolisms），[5] 描述神的子民如何能沉冤得雪，邪惡如何遭神審判；[6] 而他們所倚靠的，不是人為的力量，乃是神介入人類的歷史，世局終得以扭轉。

留意啟示文獻又被稱為「被迫害者的文獻」（literature of the oppressed），觀此，其內容是具高度象徵性的，作用是把信息隱藏起來，好叫霸凌者不明白其意思，從而不至帶來進一步的迫害。再者，其內容大都言及正義之師終能否極泰來，沉冤得雪。以上種種，皆從啟示錄的內容多有反映（在羅馬君王多米田的統治下，各地教會大受迫害，[7] 時間約是公元 95～96 年，這大概也是啟示錄成書的日期）。[8]

## 21.2 | 圖像的視覺威力

值得留意的是，當新約眾作者寫下耶穌的事迹時，有學者提出那是以寫戲劇的方式著墨。留意新約學者法蘭斯（R. T. France）以「三幕的戲劇」（drama in three acts）來形容馬可福音全書的分段，[9] 在此，福音書的作者們，在寫下耶穌的其人其事時，都有如在寫戲劇，把歷史性的耶穌（historical Jesus），活靈活現地寫成劇中人，好讓讀者們能更真實地體會耶穌其人的真實性，其事的立體感，以能全方位感應耶穌對當代人（包括作者）而言，如何震動人心，更新生命，甚至改變世界。

情況又也許是這樣。當時能讀能寫的人寥寥無幾，福音書的作者寫下其作品後，不會預期大部分人可以拿著閱讀，從而有所明白，甚至相信耶穌。他們亦都知道，其作品將被識字的人公開地朗讀出來，使在場的聽眾明白。這一點，正好解釋了何以福音書的耶穌經常表示：有耳可聽的，就應當聽（太十一 15，十三 9）。

作者們都知道，要留下難於磨滅的印象給聽眾，便需要把作品寫得戲劇化一點，叫讀的人不單在讀文字，更是在讀的過程中，投入作者所寫的，投入耶穌出現的現場，從而感同身受，而這感同身受的領受，繼而能傳達至受眾們。若能這樣，耶穌的故事，才能拓印進人的心裏，廣泛地傳誦於坊間，成為城中熱話，這樣，才達至作者寫作的初心：廣傳耶穌基督的福音。

為了達到以上的功效，作者們在寫作時，也許注入了戲劇的元素。在此，讓我們舉些例子。

### 22.2.1 馬太福音

作者描繪耶穌，旨在凸顯祂是一位絕世拉比。留意在五至七章的登山寶訓中，作者形容在結束時在場人士的反應是：都希奇祂的教訓；因為祂教訓他們，正像有權柄的人，不像他們的文士（太七 28～29）。希奇又可作驚訝，原文乃未完成時態，意即在場人士目定口呆，且情況維持了好一段時間。[10] 作者如此形容，旨在邀請作為讀者的我們，代入其處境，以感受耶穌的魅力；耶穌是遠遠拋離當時的文士，即猶太人的真理教師。

又當耶穌再一次在山上，祂變了形象，作者形容祂臉面明亮如日頭，衣裳亮白如光。日頭是當時最強烈的光體，這光從耶穌的身體透射出來，穿過祂的衣服，亮瞎人的眼目（太十七 1～2）。再一次，作者要求讀者們感應當耶穌彰顯祂那神性的威榮時，是怎樣極度地震撼，使人心悸，絕非筆墨所能形容的。

此外，福音書自然是以耶穌的死，作為祂生平事件的重點。在此，作者形容祂死去時，場面是一山搖地動，甚至陰間也被撼動的浩大場景。

留意作者的描述：從午正到申初，遍地都黑暗了……地也震動，磐石也崩裂，墳墓也開了……（二十七 45～52）。如此描繪，是要讀者們進入現場，領受和感悟那極度震撼人心的場景，從而領受耶穌被釘死在十字架上，其產生的影響力，是天地為之動容，陰間為之震動的。[11]

### 22.2.2 馬可及路加福音

留意馬可福音六章31節的一句：……他們連吃飯也沒有工夫。沒有工夫原文是沒有時間，即沒有時間吃飯，此情況在三章20節亦有出現：……甚至祂連飯也顧不得吃。在此，作者細膩地描述耶穌那服事人的態度，可見祂是實至名歸的「僕人領袖」。

留意馬可福音的作者經常採用**即時**（*euthys*）一詞（原文出現超過四十次，《和合》譯作「立刻」、「隨即」、「就」等等）。[12] 此詞不單把上下文緊接在一起，更有加乘其戲劇性的作用。可見作者的目的，是要把耶穌的事迹，寫得栩栩欲活，躍然於紙上。

至於路加筆下的耶穌，是一位萬人景仰、眾所矚目的絕世賢哲。

留意路加福音十二章1節作者表示：這時，有幾萬人聚集，甚至彼此踐踏……，目的是要一睹耶穌的風采。此言看似有點誇張，但作者明顯是要讀者們感受現場的熱烈氣氛：耶穌實在是「萬人迷」，祂的魅力驚人，舉世無雙。

### 22.2.3 約翰福音

作者無疑是耶穌事件的目擊者，他表明他親眼見過耶穌作為父神獨生兒子的原貌，故他表示：我們也見過祂的榮光，正是父獨生子的榮光（約一14）。他更力言，作為父獨生子，祂給予人最深刻的印象，便是有恩典亦有真理，並且是極致的(一16～17)。於是，作者才會殫精竭慮地寫下耶穌的其人其事，以舉證他所言的。

前文提及過，約翰福音中出現了一位耶穌所愛的門徒(即「蒙愛的門徒」)，由於書內沒有提及門徒約翰，大部分福音派學者都主張，這耶穌所愛的門徒其實便是門徒約翰(參上文有關的論證)。已如此前所說的，也許作者不直言自己是約翰，而以耶穌所愛的門徒代之，其中的一個理由，便是藉此促進讀者們的參與感，使那些深受主恩的讀者，能看自己同樣是耶穌所愛的門徒。若能如此，讀者們便能更投入現場，感悟耶穌所愛的門徒所領悟的，藉此深化作者藉著文字所傳達之耶穌的其人其事。

在此，我們可以說約翰像是在寫戲劇，他是以耶穌所行的神蹟為主軸，加乘以祂的講論，建構成一幕又一幕的連續劇。而當約翰福音被誦讀出來時，誦讀者便變成了事件的目擊者(留意一章14及16節出現的*我們*；另參本書第十八章)。

換言之，在誦讀福音書時，作者邀請閱讀者進入他所描繪的福音書的世界，親身體驗那成了肉身的神子耶穌，祂那燃炸性的言論及驚天動地的傳奇人生。

### 22.2.4 使徒保羅

保羅是活在後耶穌時期，他並沒有跟隨過在世的主耶穌，故他的著作甚少描述在世時主的種種。留意他在加拉太書的一句：*無知的加拉太人哪，耶穌基督釘十字架，已經活畫在你們眼前，誰又迷惑了你們呢？*(加三1)當時，保羅苦勸加拉太教會，要專注於耶穌基督的救恩，不要入了迷惑，被異端邪說妖言所蒙蔽，這便是已經活畫所帶來的作用。

已經活畫原文是一動詞，字義是**公開展示**（*prographō*）。新約學者穆爾（Douglas J. Moo）形容此詞是一種“visual imagery”的表達方式；[13] 意思是指對加拉太的信眾來說，耶穌基督被釘十字架是如畫像一般展呈在他們眼前。如此壯烈犧牲的靈動故事，難道還不足夠，以致加拉太信徒竟然誤聽假教師們的胡扯嗎？

**22.2.5 結論**

有學者指出，當某羣體面對迫害，而這逼迫的惡勢力，是遠遠比自己強大時，反抗很多時候便會以一潛存的方式展現。例如在這羣體中的作品，常有隱藏的文本（hidden transcript），其表達手法是極度隱晦，實際上是一象徵性宣戰（symbolic declaration of war）。[14] 其目的，是保持羣體的自尊及憧憬未來神的介入，因而帶來希望。[15]

此方面，約翰採用啟示文體，便是要達成以上的目的。也許，我們可以這樣說：使徒約翰，代表著天上的神，教會的元首耶穌基督，及地上的眾教會，向羅馬帝國和其邪惡力量宣戰。

話說回來，啟示文體的特徵，本身便是內容充滿異象，而異象的內容，是有如一幕幕的戲劇，呈顯在讀者們面前。[16] 舉例說，舊約中以啟示文體書寫的但以理書，在其第七章中所出現的世界政局發展的異象，便是以這種三幕劇的方式表述。第一幕的劇目是四巨戰（但七1～8），第二幕是天上的法庭（七

9～12），第三幕則是人子的駕臨和得國（七13～14）。

在此，門徒約翰絕非大放厥詞，無中生有。他處身於這孤絕之地，心中的思緒百轉千迴，終能得著從榮耀人子而來的異象。在此，他以赤誠之心，情真意切地邀請讀者們細看其異象如觀戲劇，好能高度參與，全人投入其戲裏，感受其信息的震撼，從而心靈得著大大的提振，無懼惡劣環境的窘迫，逆境奮戰。

留意啟示錄一章12至16節，作者形容異象中的人子耶穌時，他用盡了世上可尋獲的看似對等的事物，用以象徵人子的威榮，如胸間束著金帶，頭與髮皆白，如白羊毛如雪，眼目如同火焰，腳像在爐中鍛鍊光明的銅，聲音響亮如眾水奔騰等等。

尤有進者，當作者形容天上的神及其寶座前的威榮時，他如此描述：……看那坐著的〔指父神〕，好像碧玉和紅寶石，又有虹圍著寶座，好像綠寶石……有閃電、聲音、雷轟……，寶座前好像一個玻璃海，如同水晶……（四3～6）。

又當作者描述天上的耶路撒冷時，他表示：……十二個門是十二顆珍珠……城內的街道是精金，好像明透的玻璃……（二十一21）。如此戲劇性地形容天上的耶路撒冷，足見作者乃是在介紹那華美的天上宮闕，其是理想中的聖城，是世人所夢寐以求的樂園。

如此深刻而極具穿透力的描繪，定能把信息拓印進讀者們的心坎中，歷久不忘。

## ｜末了的話｜

# 決不坐以待斃

一九六七年六月初，中東的六日戰爭爆發，當時，埃及的納薩（Gamal Abdel Nasser）總統，在前蘇聯的大力支持下，聯同約旦和敍利亞，準備和以色列決一死戰，目的是要把整個以色列國摧毀。

同年四月七日，弋蘭高地的敍利亞軍先向以色列人開火，然後埃及揮軍十萬及出動一千輛坦克，開進西奈半島，並且聯同約旦，把以色列重重包圍。這時的以色列委實是危在旦夕。

然而，以色列卻先發制人，以突然空襲的方法，把對方的空軍全然消弭。在佔盡制空權後，勝利注定是屬於以色列的一方。

在勝利之餘，有些輿論卻批評，是以色列人先攻打阿拉伯人，佔了別人的土地。所以，以色列是入侵者；他們是不對的。

在這議論紛紛的時日中，坊間流傳著以下的一個故事，其作用是要為以色列人作解釋。

話說有一英國人、法國人和猶太人同時被恐怖分子擄走。

恐怖分子把三人毒打，然後表示要放走他們，骨子裏卻打算把他們一一殺害。

猶太人卻要求敵人大力地踢他屁股，才放他走。

敵人覺得奇怪，認為這猶太人實在可笑，更笨得要命，於是便按他要求，使勁地踢他的屁股，把他整個人踢至九丈遠。

那猶太人緩緩地，勉力從地上爬起來，然後從暗處拔出手槍，開槍把在場的恐佈分子一一擊斃。

繼而，他救了英國人和法國人。

英國人和法國人在感激之餘，不明所以地問這位救命恩人，既然有槍，為甚麼不乾脆把敵人擊斃了事，卻要求被對方踢自己的屁股？

猶太人回答：「免得有人説我是先攻擊別人，負上殺人兇手的敗名。」

猶太人的想法，便是坐以待斃並不是最好的方法。反而，想方設法作出自我防衛的行動才是王道。

我們再看美國大文豪馬克．吐溫（Mark Twain），他的作品極其幽默諷刺，[17] 被譽稱為美國第一位真正的作家，而他更是一位敢言的演説家。

一次，他在自己所辦的報紙上批評議員的虛偽，他説：「國會議員有一半是混蛋。」

此言自然引起政界的不滿，議員們紛紛抗議，要求他作出更正。

馬克．吐溫惟有公開道歉。

在報紙上他寫下此言：「我錯了，國會議員有一半不是混蛋。」

議員們氣得直翻白眼。

馬克·吐溫卻面不改容，盡顯他既敢言，有膽色，亦幽默和機智的本色。

同理，門徒約翰（他也是猶太人）也決不坐以待斃。誠然，約翰是難以直斥羅馬帝國的邪惡，但他卻拐個彎來，用啟示文體的象徵手法，若隱若現地指責羅馬政府的敗壞，足見他不單是時代的先知，更是智勇雙全之士。

總的來説，門徒約翰已竭盡所能，把啟示寫下來，作為讀者的我們，責任便是理解他的表述方式，然後運用神所賦予我們的想像力，有如置身現場，目睹作者在異象中的所見所聞，從而能心中感動不已，領悟遂深。

# 22 序言部分

新約學者杜霍（J. Scott Duvall）指出，雖然人們對於啟示錄的詮釋總是意見紛紜，但其中四個主旨卻是昭然若揭的，這四大主題是：[1]

（1）宇宙的主把邪惡力量全然消滅。
（2）信徒得著拯救。
（3）宇宙得著更新。
（4）神與其子民永遠同在。

在此，我們先從全書的序言說起（一1～9）。在序言中，作者表明他絕非大放厥詞說夢話，而是從主耶穌那裏得著啟示，然後再把啟示，不折不扣地傳達至教會，一如他在信首所言：耶穌基督的啟示……祂就差遣使者〔即天使〕曉諭祂的僕人約翰（一1）。留意耶穌基督的啟示應解作：耶穌基督所發出的啟示；[2]這啟示的傳送路線，是始於父神，然後再由耶穌傳至天使，天使成為信差，再將之傳給作者約翰。[3]

在古時，由於沒有郵政服務，書信都是由特定信差送出，當受書人不明白信中所言，信差是有責任加以澄清和解釋的。所以，天使作為主的信差，是有傳遞及解釋啟示這兩大職責。在此，有關接收並傳送啟示的經文有：二章1、8及12節，六章1、3、5及7節，八章7、8及10節，十章3節，十五章1節，十八章2節，十九章17至18節，二十一章9節和二十二章1節等；而解釋啟示的經段則有：五章5節，七章13至17節，十七章7至18節和二十二章67節等。[4]

在此約翰表明，當他接受了啟示後，他便將神的道和耶穌基督的見證，凡自己所看見的都證明出來（一2）。耶穌基督的見證應詮釋為：從耶穌基督來的見證，[5]作者在此表明，雖然信是他寫的，但他不是真正的作者，耶穌基督才是，祂是啟示的主，作者只不過是如天使一樣，在傳遞啟示。可見啟示錄儼然是神的道。

再者，作者言詞鑿鑿地指出，耶穌是復活主，是真正的王者（一5），祂更是人類歷史的阿拉法和俄梅戛。此二字乃希臘文的最先及最後的字母，意即祂是宇宙的創始人，也是其終結者。當祂在榮耀中降臨時，一切攻擊祂及神子民的敵人，都要悲哀痛哭，因為審判快臨（一7）。

按此了解，作者在序言中便開宗明義地表明，他的作品，是以耶穌基督為中心，是耶穌基督啟示於他的。再者，作者寫作的目的，便是要見證耶穌基督。由此可見，作者心繫基督，基督是他心中惟一的大人物。

其實，早於約翰一書二章28節時，作者約翰已表示：……你們要住在主裏面。這樣，祂若顯現，我們就可以坦然無懼；

當祂來的時候，在祂面前也不至於慚愧。[6]如今，在面對生命危難之時，約翰的心志依然韌勁，浩氣常存。換言之，在風雨飄搖的日子裏，有主生命的屬神子民仍能乘風破浪，揚帆於茫茫人海，征程千萬里。

留意啟示錄中出現了七個有福了。在原文的句子裏，有福了排於句首，此措辭與登山寶訓中的八福相若（見太七 1～10；原文也是有福了排首）。在約翰所寫的福音書，並沒有出現有福了此項。也許，作者在此是銳意補上。該七福臚列如下：

(1) 念這書上預言的和那些聽見又遵守其中所記載的，都是有福的。（一 3）
(2)「…… 從今以後，在主裏面而死的人有福了！」聖靈說：「是的，他們息了自己的勞苦，做工的果效也隨著他們。」（十四 13）
(3) …… 那警醒、看守衣服、免得赤身而行、叫人見他羞恥的有福了！（十六 15）
(4) 天使吩咐我說：「…… 凡被請赴羔羊之婚筵的有福了！」（十九 9）
(5) 在頭一次復活有分的有福了，聖潔了！（二十 6）
(6)「看哪，我必快來！凡遵守這書上預言的有福了！」（二十二 7）
(7) 那些洗淨自己衣服的有福了！（二十二 14）

整體而言，七福的共同主題便是：一切願意付上代價，攻堅克難的得勝者，都必得著應許中的獎賞。[7] 留意除了十九章9節那一項是由天使發出外，其他的都是來自主基督。但由於作者早已表明，天使的啟示，是來自耶穌基督（見一1），故天使所言的，也是主的真言。再者，這裏天使的話，具解釋上文羔羊婚筵其屬靈意涵的作用（見十九7～8；因天使是有解釋異象的職責），故才藉著天使發言。而七福的作用主要有二：

（1）啟示錄中充滿審判，疊加以神子民面對著如虎如狼的惡勢力的脅迫，實在需要主的安慰。有福了的言說對象，是那一羣對神忠虔篤敬的神的子民，七福旨在強調雖然世情凶險，前路朦朧，但主必保守，祂對其子民是不離不棄的，祂的守護是到位的，勝利也因而在望。

（2）神子民所付出的一切，主都一一看見。他們不會是白白付出的，因為明察秋毫的主會祝福他們。

總之，七福是具象徵性的，其強調了圓滿、達標（神用六日創造，第七日休息）；其在啟示錄中出現，作用是表明在末世的重重災難和審判中，審判的主仍發出了七段暖心的話，其有如七股暖流，溫暖和滋潤了信徒的心。

# 23 第一異象

首先，此異象在主日發生，其時乃是新約教會大眾敬拜的日子（也即是七日的頭一日；見林前十六2）。[1]異象的出現是因著作者大受聖靈的感動而生：當主日，我被聖靈感動，聽見……你所看見的當寫……（啟一10～11；又四2，十七3，二十一10）。如是者，啟示錄作者便把他在異象中的見聞寫了下來。[2]

第一異象中出現了一位大人物，那便是榮耀的人子。[3]我們都知道，福音書中耶穌常以人子自稱，有如上文所論及的，其作用是把自己的身分隱藏。然而，到了祂從死裏復活，升天和得榮後，祂那神兒子彌賽亞的身分已全然顯露，故初期教會不再常稱祂為人子，而是尊崇祂為主耶穌基督。第一異象卻出現了人子，旨在表明，在世的人子耶穌，便是再來的榮耀的人子。那時，人子的神性必全然顯在人前。作者特別用以下的形容，描繪祂的神性：

（1）身穿長衣，直垂到腳，胸間束著金帶（一13）；此乃富貴人家的裝束。

（2）頭與髮皆白，如白羊毛，如雪；眼目如同火焰（一14）；此形容大都取材自但以理書七章9節出現的、那坐在天上寶座的亙古常在者（即父神），可見作者是要表示，父與子是同尊同榮的，一如約翰福音十章30節中耶穌所力陳：我與父原為一。

（3）腳好像在爐中鍛鍊光明的銅；聲音如同眾水的聲音（一15）；此形容來自但以理書十章6節那向但以理顯現的榮耀天使。

（4）祂右手拿著七星，從祂口中出來一把兩刃的利劍；面貌如同烈日放光（一16）；七星即教會七個使者，拿著即掌握，[4] 故祂是教會的元首，全權掌管著教會。祂對教會的評審之言，教會實應慎而重之地聆聽：這便是凡有耳的，就應當聽的意思（二7、11、17、29等）。

話得說回來，早於數十年前，當耶穌在世時，曾在彼得、雅各和約翰面前改變了形象，展現祂那榮耀神性的一面（見太十七1～6），那段極度震撼的經歷，使彼得在他的遺言中再度提及：……祂從父神得尊貴榮耀的時候，從極大榮耀之中有聲音出來，向祂說：「這是我的愛子，我所喜悅的。」我們同祂在聖山的時候，親自聽見這聲音從天上出來（彼後一17～18）。

在此，年邁的約翰亦然。他指出了那曾一度活在在世上，身分大部分時候被隱藏起來的人子，其實就是閃耀奪目，榮耀至極的、神的獨生愛子耶穌基督。

這位神顯中的人子，掌握著人類的生死（見啟一18），也是教會的元首，關心及守護著地上的眾教會，並指示約翰要向七所教會發出七封以正視聽的書簡；稍後，祂更指示約翰現在的事，並將來必成的事（一 19）。[5] 由此可見，約翰的神學，不論是福音書或末世啟示錄，都是以主耶穌為主軸，以榮耀的基督為中心。

話說回來，這七所教會其實是作者約翰所牧養過，甚為熟識的屬神羣體。如今，約翰的差事，便是代表著主耶穌，寫了七封信予他所牧養過的七教會。[6]

該七信中更是以以弗所教會為首，究其原因有三：

（1）以弗所乃亞細亞第一大港（人口約二十五萬），也是當時基督教的重鎮。[7] 自從保羅第二次宣教在這地逗留了三年（是保羅逗留時間最長的宣教工場）後，提摩太及約翰均曾在此地牧養教會，直到如今啟示錄這段時候，已過了數十年歲月，教會也歷經了多種的考驗：如在教義上受假教師的衝擊，在道德上要學習彼此相愛，加乘以繁華大都會城市生活世俗化的挑戰等。到底信仰對這地的教會來說還存留著些甚麼，實有必要作出具體的評估。

（2）以弗所是距離約翰所處身的拔摩島最為接近的城市（約九十公里）。事實上，七信以以弗所為始，老底嘉為終，在在亦反映了信差送信的路線。

（3）作者曾在此地作過頗長時間的福音工作，在認知上及感情上，都是深刻的。

留意二章1節作者形容發信的人子，其特徵是右手拿著七星、在七個金燈台中間行走的。右手拿著七星，此措辭是來自一章16節神顯中的人子，意思是指人子全然掌管那代表著教會的七個使者（即是七星所代表的）；再加上在七個金燈台中間行走，意即人子全然熟識這七間教會（即七個燈台所代表的），深諳教會的屬靈實況。可見祂對教會的評估，精確無誤，教會務必察納忠言，撥亂返正，振作起來。

留意人子對教會的評價，是有正面之處，也有待改善之處。好處就如，其在教義上全力以赴，把假教師擯於教會以外，牢牢地守著基本教義（二2、3、6）。其不善之處是失去了起初的愛心（二4）；雖然如前文所指，起初的愛心指的是甚麼，約翰是有意含糊一點，但其亦大有可能是指著主耶穌之前所教導的，彼此相愛的命令（見約十三34）。[8] 換言之，因著與假教師搏鬥，這份鬥心變得過分了，甚至把信徒之間那相愛相攜的心也奪去；這實在可惜。說到底，失去愛心的教會雖然不斷有行動，卻缺乏屬靈生命迹象。

所以，應當回想你是從哪裏墜落的，並要悔改……（二5），這裏悔改是語帶命令，意即其是必須的，沒有其他方法。[9] 所以，除非教會悔改，否則她必然是名存實亡。[10]

在此，留意這七封信中大都出現以上的評語，即受書人有優點，亦有缺點（例外的是致士每拿和致非拉鐵非教會的信，並不談及缺點）；盡顯其乃中肯之言。

最後，在信的結束時，作者表明居住於信徒心裏的聖靈，是會提醒受書人，就是凡有耳的，就應當聽這一句（見二7、

11、17等；其亦反映了此信是在教會聚會時宣讀出來的），再加上一項應許(鼓勵受書人如能改過遷善，主必恩待，成長可期)。總之，七封信主要是教會元首耶穌基督，對各地教會的評價，其也反映了當祂再來之時，也必如此明察秋毫地評斷神的子民。觀此，這七封信是有預警作用的。

說白了，這七信其實是警告信；教會若能及時改過，未為晚也。

| 末了的話 |

## 城市人的悔改

### 重啟與悔改

一套名為《開端》(劇集的英文譯名是 *Reset*)的劇集，內容是啟發自電子遊戲。故事發生在一對男女身上，他們的經歷，就好像玩電子遊戲一樣，失敗後可以不斷重新開始。

「失敗」是因著一嚴重的交通意外，導致男女主角都死亡。這對男女本不認識，他們在不同的公交車站，登上了同一輛公共巴士。行車約二十分鐘後，巴士和一運油車相撞，然後發生猛烈爆炸，車毀人亡，男女主角也不能倖免。

然而，情況又再重來，男女主角醒來時，又是坐在同一輛車上。

因為有了多次相同的神奇經歷，他們相識相知了，更一起想辦法挽救危局。然而，經過多次的嘗試都不果。

他們發現了原來爆炸是來自車上的炸彈，從而更發現司機和另一乘客是同謀，這些發現，都有助他們在下一回的重啟中進行拯救。

在過程中，二人終於發現，只要他們能早一個站下車，便可逃過災難。然而，女的竟然決定不下車。她表示，因著多次的重啟，對她而言，車上的乘客已不是陌生人。她必須留下來，想法子拯救他們。

又有一次，在生死存亡一刻，男的叫女的遠離他，以免連累她。女的卻回絕，表示要與男主角同生共死。

二人已不自覺地墮入了愛河。

男主角本來是從事電子遊戲設計的，遊戲內容都以暴力為題。但經過這爆炸事件後，他深受暴力之苦，於是改變了作風，從今不再編寫有暴力成分的遊戲。

因著愛，他們都改變了，二人終能拯救本來不認識的乘客；因著愛，他們二人結伴同行，齊心抗暴。

他們的人生都改變了。

說實話，不斷重啟往事，只會發生於遊戲中和戲劇裏，是虛幻和不真實的。然而，雖然我們不能改變往事，卻可以因著往事而改變自己。

說白了，我們的人生不能「重啟」(reset)，卻可「悔改」(repent)，[11] 即從過去的成敗得失中汲取教訓，從而改變思想，採取撥亂反正的行動。

如此說來，雖然我們不能改寫過去，但人生的未來，是絕對可以寫好的。

換言之，造物主給予人類一件獨一無二的禮物，便是那強大的記憶本能。回憶往日，歷歷在目，有如昨天的事。有了這些記憶，自能反省，作出改變。我們每個人都可以有深度的反省能力，請善用之。

## 走到城市的邊緣

以弗所乃當代數一數二的大都會，[12] 在牧者悉心的牧養下，信徒本應都信仰純正，在教義上有全然正確的認知。可惜的是，城市人大都在追趕中生活，關係疏離，人與人之間缺乏溝通，信徒之間罕有往來，教會在相愛相顧的事上顯得支離破碎，愛心欠奉。

在此，我們大都是城市人，難於和城市生活來一個「斷捨離」。不過，我們仍可以刻意地走到城市的邊緣，如小區的庭園、海旁的小路、青山的曲徑等，好遠離人羣，放下心裏的躁鬱不安，讓心靈進入寂靜處，感應復活主的無所不在及同在同行。這樣，才能深度感悟主愛的偉大，為祂大愛所觸動，心靈暖和起來，心潮更湧動不已，愛神愛人的心也自來。

請不要讓忙碌生活變成沒有意義的循環；敬請採取行動，尋找你的城市邊緣。

｜靈思小品｜

## 愛與天堂

耶和華神便打發他出伊甸園去，耕種他所自出之土。於是把他趕出去了；又在伊甸園的東邊安設基路伯和四面轉動發火焰的劍，要把守生命樹的道路。（創三 23～24）

人類本安住在伊甸樂園中，但因始祖亞當犯了罪，被趕出樂園。自此，人類都活在被咒詛的大地上，活得苦困，在苦澀中掙扎。

且看以下一個發人深省的故事。

有一天使被神派往審視天堂與地獄，然後回來匯報二者分別何在。天使先造訪地獄，看見那裏人人手裏都拿著一公尺長的勺子，勺子裏盛著很美味的食物。但人人都皮黃骨瘦，不成人形。

追查之下，發現原來勺子過長，無論人的手部如何運轉，都不能把食物送進自己的嘴巴裏；食物都掉在地上。於是，在極度飢餓下，人們都捱不住，惟有藉著偷、搶和騙等旁門左道維生，結果把地獄弄得烏煙瘴氣。

如此看來，地獄之所以如此差勁，其可說是人為的。

天使又來到天堂，看見那裏同樣是人人都拿著一公尺長的勺子，勺子裏同樣盛有很美味的食物。在對比之下，天堂裏人人都容光煥發，神采飛揚，且極為友善。

原來情況是，他們把長長的勺子，遞向別人的嘴巴，彼此餵食。如是者，人人都食得很好，活得舒坦。

事後，天使向神匯報所見所聞。神便向天使說：「現在我派你們下到人間，告訴世人一個真理：愛使人間成為天堂，自私把人間變成地獄。」

## 深度反省

一言以蔽之，哪裏有愛，哪裏便是天堂。

教會作為基督身體的延續，其特徵便是此乃一末世性的、屬神的、愛的羣體。

教會的成員都是基督的跟隨者，藉著洗禮，與基督聯合（羅六 1～8）。換言之，他們的生命，都與慈愛主有著密不可分的關係。

慈愛主的大愛，藉著聖靈，也大大澆灌在信徒的生命裏（羅五 5）。如是者，愛神愛人便是必然的結果。

按此了解，沒有愛的教會，問題必然是出自其成員。那丟棄了起初愛心的以弗所教會便是如此。

他們與主的關係出現了嚴重的問題；極度疏離，甚至恍如陌路人。

活在今生，若沒有愛，教會也成地獄；哪裏有愛，哪裏便是人間天堂。

盛載著主愛的羣體，是有能於使人一瞥一度失落的伊甸樂園的美景的。讓我們為此而努力。

## 禱告

慈愛的主，我願作你忠心的跟隨者，學習你的樣式，心裏柔和謙卑，以愛安身立命，與其他同道建立教會，好使教會讓人瞥見樂園之美景。

第十部

# 啟示錄（二）：第二異象

# 24 敬拜對象之爭

一首古希臘詩有這樣的說法：**其他的神明既遙遠，又沒有耳朵，根本不存在，根本不留意我們／我們心中理想的神明，不是木，不是石，而是真實的**。[1]

此詩反映了當時的人對天上神明的不滿。他們盼望有一位可觸及、可親近，跟他們在一起的神明，能與他們共度危難，共同承擔苦困。

如此的渴望，助長了對君王的神化及膜拜。

古希臘賢哲西塞羅（Cicero）指出，理想國是基於三大因素：王權（monarchy）、貴族管治（aristocracy）及民主（democracy）。三者理應互相制衡，以能避過無政府狀況或暴政的出現。在此，羅馬政治家及名將西庇阿（Scipio Africanus）卻指出，[2] 在比較下，三者中最重要的便是王權。[3] 由於西塞羅及西庇阿在羅馬政界有相當大的影響力，他們的看法，自然會助長後來的奧古斯督和多米田等君王的傲氣：二人更自比天高，甚至要求國民奉他們為神明般膜拜。

留意在羅馬歷史中，奧古斯督算是一位英明有能的君主，他開啟了二百年的「羅馬治世」（*Pax Romana*）的崢嶸歲月。老百姓大都認為，奧古斯督是替天行道，帶來救恩；而這顯然是天上眾神明的旨意，是國運之使然，叫他成為世上各民族的王者。[4] 當然，羅馬君王雖然被奉為救世主，地位崇高，無人能及，然而，各地臣民是否皆有此看法，則是存疑。

舉例說，約公元一三〇年，有一份文獻，是由一總督寄給羅馬皇帝哈德良（Hadrian）的，內容指出在黑海附近有一部族叫撒尼（Sanni）。這部族驍勇善戰，卻經常不奉羅馬法紀行事，例如從不向羅馬政府交稅，實在可惡；因此，政府必須正視之，並且加以整頓，甚至將其殲滅。[5]

繼而，又有另一文獻指出，某城裏的百姓，當有新的羅馬法令貼出時，人人都爭相查看，同時也把一切舊的棄掉。[6] 換言之，羅馬政府所頒佈的國家法，大部分人都只持好奇心觀之，至於是否嚴格地執行則成疑問。

在此，學者米拉（Fergus Millar）有此結論：在一些偏遠地域，或是山林深處，羅馬的管治是難以觸及的。[7] 事實上，羅馬帝國的版圖，史無前例地遼闊偌大，要管治到位，又談何容易。一般而言，農村有著其鄉土文化，他們都採取「上有政策，下有對策」的方法，好妥善處理在執行時所可能衍生的矛盾。他們自有一套詮釋國法的方法，旨在迴避箇中潛存著的衝突。

因著以上種種理由，為了加強國家的管治，早在亞歷山大大帝（Alexander the Great）建立其龐大的馬其頓王國時，他本受其老師古希臘賢豪亞里士多德的哲學影響，在全國推行希臘化政策（Hellenization），藉此強化其管治能力。到了羅馬帝國時，其管治版圖更大，要管治到位的難度更高，如是者，除了沿襲全國希臘化外，更大力推行君王敬拜，奉君王為神明。換言之，君王的統治便是神治，他是在替天行道，人民不可不從，否則便是逆天命而行，必招天譴。如是者，拒命者將被政府監禁、放逐或殺害。這是拒命者自招的，是咎由自取，與政府無關（但約翰卻指出此乃邪惡的行為，是來自魔鬼那惡者的）。

毋庸置疑，此舉措亦對各地教會構成了極大的威脅。

在此，約翰的策略，便是引導受書人，進入天上的敬拜，好叫他們能透析敬拜的真義，深度感悟父神及主耶穌基督的神能（是全能者），以致受書人能對神有十足的敬畏（天上的神才是萬王之王，萬主之主），感知基督那莫大的救贖之恩，甘願以命相酬，並斷然回絕敬拜君王的要求。在此，華人學者孫寶玲指出，在啟示錄中，敬拜不只是情感上的抒發，更是十足十的政治性舉措，[8] 實所言甚是。

聖靈是真理及啟示的靈，如約翰指出，他便是在聖靈的感應下，四次得見異象（一 10，四 2，十七 3 及二十一 10）。[9] 這次是第二次，是為啟示錄中的第二異象。

也許，約翰被困於拔摩島時登上高處，遠眺那一碧萬頃的茫茫大海，仰觀那萬里無雲的蔚藍天。就在此時，在聖靈的感召下，約翰神遊天外之天，得見天上的景象；其有三大重點：

（1）天上的榮耀（四 1～五 14）。

（2）從天上俯瞰地上的災劫（六 1～十六 21）。

（3）邪惡勢力的興衰敗落（十七 1～十八 24）。

此異象的主要目的，便是要告知地上受苦的教會，不要被困於眼前所見，駐足於苦困的當下，乃要把眼光放遠，遠觀那屬靈的天際線。只要站得高，自然可看得遠，情況便大不相同。

例如，雖然地上看來陰霾四佈，天上卻依然光亮一片。那坐在寶座上的，仍然是滿有威榮的主，雖然地上邪惡力量來勢洶洶，卻無阻那被殺羔羊，即從死裏復活的主耶穌，執行其對世界的審判。

作者解釋，地上政府迫害神的教會，主要是因為其背後潛存著一股可怕的邪惡力量，是為邪惡的三位一體：大紅龍、海之獸和陸地獸（十六 13）。再者，魔鬼自知時日無多，於是便竭盡所能，大肆迫害教會（十二 10）。然而，在過了這段受苦的日子後，一切都將大大改善，因為神絕不坐視。在最後的一場巔峯對決中，邪惡勢力將被擊潰，全然分崩離析。換言之，這宇宙的大舞台再沒有他們的分兒（十六 19 ～ 21）。

## 24.1 | 天上的榮耀

約翰被提至天上神寶座前，首先出現的，是那穩坐寶座上，靈光四射的父神（四 3 ～ 5）；繼而是主耶穌基督。作者表明，只有主耶穌才配揭開七印（五 5），意即祂乃是掌握未來人類及教會命數的主；由於祂是創造主，更是救贖主（祂是羔羊，在各地買贖神的子民；見五 10），故是配得敬拜的。在此作者形容，天上的使者，包括代表著舊約十二支派、新約十二使徒的二十四位長老（四 10，五 8、14），及象徵著世上一切被造之物的四活物（四 6、9，五 14），[10] 都大大讚美敬拜父神及主耶穌，並且俯伏敬拜祂(五14)。

留意這裏的焦點其實是基督，因祂所接受的，是權柄、豐富、智慧、能力、尊貴、榮耀和頌讚，即「七重讚美」(見五12)，這在在表明祂已掌權。由此可見，這天上敬拜的焦點是曾被殺的羔羊，如今祂仍活著，並且執掌宇宙及教會的全權。[11]

留意俯伏敬拜(見五14)是指一種五體投地的姿態，其屬於一種神子民敬拜神時的身體語言，強調了敬拜者的卑微跟神的崇高的對比。整體而言，敬拜時的身體語言有低頭、站立、舉目、跪下、舉手及俯伏。以在聖經中出現的次數計算，俯伏一項為最多。[12] 在此，作者表明神是至高無上的，只有祂才配得人對祂進行五體投地的敬拜。

留意作者乃用全能者來形容父神，此語在新約共出現九次，其中八次是在啟示錄中。其意思是指世間上沒有任何人是如父神一樣，是全能者：祂是昔在、今在、以後永在的全能者(四8)；更沒有任何君王像羔羊，能夠從死裏復活。端此，作者表明在天下間只有曾被殺的羔羊，即救主耶穌，才配受敬拜。且看以下經文：

> 這羔羊前來……祂既拿了書卷，四活物和二十四位長老就俯伏在羔羊面前……他們唱新歌，說：你配拿書卷，配揭開七印；因為你曾被殺，用自己的血……買了人來，叫他們歸於神……。(五7～10)

> ……有許多天使的聲音；他們的數目有千千萬萬，大

聲說：曾被殺的羔羊是配得權柄、豐富、智慧……。（五11～12）

留意原來英文的worship（敬拜），便是來自worthy（配受）。由是觀之，敬拜便是把創造主及救贖主所配受的頌讚和榮耀，全歸給祂，此實乃一合乎情理的舉措。[13]

端此，約翰在在是要告知受書人，父神及常跟他和眾教會同在的救主耶穌，藉著寶座前的七靈，即聖靈，都出現在天庭中。留意這一句：……有羔羊站立，像是被殺過的，有七角七眼，就是神的七靈，奉差遣往普天下去的（五6），七角表示其大有力量，七眼意即滿有智慧，七靈即聖靈（四5）；[14] 而七靈是被差派前往普世，目的是要陪伴著神的子民，走過苦難重重的天涯路。由此可見，教會並不是獨個兒在孤勇奮戰，在風雨交加的日子，神子民仍可乘著聖靈吹拂的靈風，在人生的海洋上揚帆。

在全能主的保守下，只要不被打倒，神子民的生命必然比之前更為強大。

話得說回來，還看整個天上的敬拜，參與者有四活物，二十四位長老及萬千天使（四4，五11～14），他們都全然投入敬拜，絕對沒有只作壁上觀者，亦沒有作旁觀者或旁聽者。由是觀之，作者是要求地上教會在敬拜神時，應毫無保留地全人投入敬拜。

說白了，全人的敬拜只能給神，即使是傳送啟示的天使，也不配受敬拜。留意十九章10節，天使向要敬拜他的約翰發出的逆耳忠言：千萬不可！我和你，並你那些為耶穌作見證的弟兄同是作僕人的，你要敬拜神。天使也不配接受敬拜，更何況是地上的任何人（包括君王）。

## | 末了的話 |

## 敬拜的真義

在約翰的時代，君王的影響力巨大，例如稅收、商貿、軍事、君王頭像和隨處可見的肖像等，都顯出帝國是屬於君王的。然而，第二異象中的天上敬拜，表明了真正的王者是天上的那一位，祂安坐在宇宙的寶座上，天使天軍等晝夜都在讚美敬拜祂。

說白了，父神及耶穌基督才是宇宙的主，凱撒不是。[15]

最後，這天上敬拜的一章，其蘊含著的意涵便是：靠著聖靈，地上的教會便可與天上的神聯上。

有曰：「蜀道難行，難比登天」。然而，看來「登天」並不太難，因為敬拜叫人與天上的神聯上，並且能活得「在地若天」。

說到底，一切都是從敬拜開始。

## 24.2 | 地上的災劫：七印、七號、七碗

在描述天上的敬拜後，作者便把目光放在地上：地上卻是災劫不斷。

作者以三組的災難來形容地上所遇到的，從神而來的審判。此三組災難包含以下的重點：

（1）災難共三組，表明了災難大致上可分為三個階段，首階段是「印」的災（六1～八1），也是災難的開始，受災的覆蓋率為全地的四分之一（六8）。次階段為「號」之災（八3～九21），是為中段，影響所及凡三分之一（八7～12）。尾階段是「碗」之災，十五章1節解釋道：神的大怒在這七災中發盡了。換言之，碗災便是一場大災難，全世界都大受影響。

（2）每一組災難都有七次，七是象徵性的，意思是完整，作者藉此表明當審判來到時，神對一切叛逆的勢力是絕不留手的。留意，是第七印的災觸發下一輪災難的，即七號之災（八1）。可見，災是一浪緊連著一浪，排山倒海而來的，世界變成了不宜人居之地，情況非常嚴峻。

（3）災的內容看似重複，原因是作者以世上經常發生的災禍，如戰爭及瘟疫，疊加以摩西對戰埃及法老時的十災，及在世耶穌在橄欖山講論中所描繪的，作為預表，預言末世中類似的、卻更為嚴重的終極災劫。[16]

（4）災之間出現了多個插語，其作用主要是勵勉地上神的子民：他們雖然仍然活在災區中，要與世人共度危難（一如道成了肉身，住在罪人中間的主耶穌基督；又如摩西之於

四十年在曠野跟以色列人在一起），但神必保守他們（如為他們蓋印，見七1～9；量度聖殿，十一1～2等），賦予他們能力（如末世出現的兩位大有能力的先知，十一3～13；又如吃下飛卷的異象，十1～11等），終必能成功地走出禍端，登上永生的彼岸。

畢竟，作者所描繪的天與地，儼然是一強烈對比，他正是要活在黑暗中的神的子民，遙望彩虹深處的那一方，那裏有絢麗奪目、光明一片的天家；這便是一切屬神的人的永恆歸宿。觀此，神的子民務必挺身昂首，大步向前走，因為他們得贖的日子近了。[17]

## ｜末了的話｜
## 逆境自強之道

留意以下來自哈巴谷書的經文：……我只可安靜等候災難之日臨到，犯境之民上來……然而，我要因耶和華歡欣，因救我的神喜樂。主耶和華是我的力量；祂使我的腳快如母鹿的蹄，又使我穩行在高處（哈三16～19）。

在國破家亡的前夕，先知哈巴谷面對兇殘的強敵犯境（見哈一6～9），神的子民已招架無力，災劫恐難避免。

但留意*然而*一詞，顯出思想的轉向。在此，先知不忘那曾與神子民立約，及拯救他的耶和華神，心中的力量因而剛強起來。如是者，因著思想的焦點轉向萬軍之耶和華神，信心益增，盼望也自來。他的腳步立時輕快活躍如*母鹿*，更相信儘管世情險惡，前途未明，但他必能穩步前行，眼界有如行軍者在*高處*昂然而立，極目而視，且居高臨下，對*高處*之下的局面一目了然。胸懷既壯闊了，被困於當下的感覺遂變得雲淡風輕，得勝更在望。

這便是人在逆境中仍能自強的竅門。能夠這樣活著，生命力自顯得強大，生活散發著正能量，歷久不散。

事實上，與神同行，常存敬拜心的生活，有以下三個特徵：活得有層次、活得有立體感、活得有幸福感。且看以下的闡釋：

(1)活得有層次：這是指每一天，我們都能辨識某些人是不可錯過的，某些事是盛載著意義的，某些地方是能觸動回憶的，某些情況是危機四伏的。如此地生活，映現著屬靈的價值觀、鮮明的優先次序及高明的辨識能力。

(2)活得有立體感：這是指在回望每一天時，箇中所遇到的某些人及事，都能引發深度的感悟。在反思之餘，常會為之感恩，或是為之祈求父神的幫助。在有必要時，甚至會考量如何有進一步的跟進行動。這些具立體感的事件，大都存放進我們的記憶裏，成為我們寶貴的人生經驗，供未來提取和運用。

(3)活得有幸福感：這是指在回望以上的活得有層次有立體感的生活時，心中感到充實和踏實，生活充滿正能量，在在感染著周邊的人。好一個生命影響生命，幸福感自來。

末了，已故物理科學家霍金(Stephen Hawking)有曰：「只要有生命，便有盼望」(While there is life, there is hope)。這一點，正好解釋了何以他於二十一歲患上肌肉萎縮症，大半生與輪椅為伍，後來更不能言語，仍然能心靈強大，心思敏銳，活出一個強大閃耀的人生。

人生不能活得不慍不火，不然只怕有一天我們會追悔莫及。

心中有主，感知祂的大能和慈愛，從而敬畏敬拜祂。習練與神同行每一天，我們便能活出更好的自己。

|靈思小品|

## 伍連德的堅強

我從天使手中把小書卷接過來，吃盡了……天使對我說：「你必指著多民、多國多方多王再說預言。」(啟十 10～11)

在重重苦難災劫中，約翰是臨危受命，靠著小書卷所象徵的從神而來的啟示，承擔起末世先知職事的。這也是教會的職事，在苦困不斷的亂世中，勇於承擔以福音濟世的召命。

回到我們活著的當下，世界受疫情狂襲了好些年，戴口罩曾經成了多少人的日常。事實上，其是一重要的防禦機制，以免自己被感染，同時也防止染病卻不自知的自己，把病毒傳給他人。然而，早於一百多年前，中國已廣泛採用戴口罩應對瘟疫。

一位名叫伍連德的華人醫生，於一九一〇年被派往東北三省處理橫行當地的鼠疫，在短時間內，他成功抗疫，以戴口罩的方式有效地遏止疫症的傳播。他被譽為「鼠疫鬥士」。

那些年，國情告急，列強虎視眈眈，革命之火在熾烈地燃燒著。事實上，革命之舉像星火燎原，在各地燃燒，燃炸中國人的心。然而，這一切都無阻伍連德行醫濟世的心。

話説他來自馬來亞，後於英國劍橋大學醫科畢業，專攻細菌傳染學。

一九一二年民國政府成立，伍連德繼續服務祖國，出任防疫處的總醫官。一九一五年創立《中華醫學雜誌》，他任總編。一九一八年出任北京中央醫院院長。一九二二年創辦東北陸軍醫院。一九三〇年於上海創立全國海港檢疫處理中心。一九三七年任中國醫學會公共衛生學會會長，同年因妻子離世，他悲痛非常，回馬來亞休養，後於一九四七年再回中國。一九五一年他把自己在北京的住所捐贈予中華醫學會，並於一九六〇年大歸。

在他死前，即一九五九年，他出版了一本叫《一個中國現代醫師的自傳》的書，在序言中他如此說：「我將大半生都奉獻給古老的中國……我衷心希望她能更加繁榮。」

也許，無論國情如何變幻，以醫術服事同胞，愛百姓如子姪，這召命使伍連德能排除萬難，始終如一地行醫濟世，由此可見認定人生召命的重要。

## 深度反省

唐朝詩人李白有曰：「天生我才必有用」，同樣，我們出現在這世上，全是天父的恩典，同時祂也賦予我們「人生召命」（life calling）。無論是春暖花開，還是寒風凜冽，人生召命是貫徹順逆，始終如一的。這份認定，是需要韌勁意志和睿智的執行力才能達成的。

門徒約翰的一生，清楚地展現著這一點。他一生的召命，也該是普世教會的使命，那便是在這亂世中無懼臨危受命，以福音濟世。

## 禱告

這福音本是神的大能，要拯救一切相信的。然而，沒有人傳道，哪會有聽眾呢？沒有聽眾，又哪會有人信主呢？主啊，我在這裏，請給我力量，好叫我有臨危受命的情懷，並在高度危機感的催促下，全力以赴，服事眾生，勇於見證福音的大能，拯救這失喪的世代。

# 25 邪惡勢力的興衰

這章標題是指著啟示錄十二及十三章所描述的。作者以一條碩大無朋的大紅龍代表魔鬼，牠力量龐大，面目猙獰，窮凶極惡，其主要職責便是迷惑眾生（十二 9）。在靈界，牠與天使長米迦勒大戰，結果戰敗了。敗軍之將的牠，惟有逃亡至人間，試圖作最後的破壞，絕地反擊，且大力迫害屬神的子民（十二 12）。牠的喉舌，便是海陸兩大怪獸，即一政治人物及一宗教人物。前者是海上來的獸（十三 1～10），其代表了帝國的政府或君王；後者是陸地獸（十三 11～18），代表了君王敬拜的體系，要求所有人要對君王敬而拜之。海之獸有以下的特徵：

（1）牠是受了傷，後來醫好了（十三 3），可見其是模仿基督，因基督是曾被殺卻復活了的（見五 6）。換言之，此獸打算取替基督的位置，成為救世主。牠是為「敵基督」。[1]

（2）牠被羣眾讚美為：誰能比這獸，誰能與牠交戰？（十三 4）意思是牠勇武非常，軍事力量強大，世間無人能及，實乃民眾心中的偶像，是人們心中的大英雄。事實上，羅馬帝國便是以其軍力，把四周強鄰征服。末世的敵基督者亦然。

在此，有電視劇中的一個情節頗有啟發性。一位教科學的老師，和他的學生在暢談科技的重要性。以下是他們的一段對白：

學生：「科技的發展，其動力往往是來自戰爭。」

老師：「你可以具體點說嗎？」

學生：「例如核能，其本來自第二次世界大戰對核彈的研究。」

老師：「所言甚是，科技永遠有這一面，其一旦落在邪惡人士的手中，便會變成了違禁的魔法。」

也許，敵基督者的謀略便是在此：濫用科技、權勢，謀取己利，好實現其雄霸天下的野心。

（3）這獸是在十三章出現的，是大紅龍的喉舌（十三2），故敬拜此獸，便是敬拜大紅龍。換言之，向迫害教會的政治力量折腰，便是向魔鬼俯首稱臣。[2]

畢竟，這外表看來強大，內在生命卻敗壞的海之獸更夜郎自大，自奉為神（十三5～7）。正是「金玉其外，敗絮其中」。牠剷除異己，殘害忠良，好實現其霸權。而陸之獸的特徵則有：

（1）牠是象徵假先知所代表的宗教團體，致力於推崇海之獸，使人敬拜海之獸（十三12）。在羅馬時代，這自然是指著使全國人民敬拜君王的祭司體系；在末世，其便是代表了某宗教力量，其將與某政治力量結合，構成政教合一的強強聯手，旨在統管全球，更以經濟為名，控制大局。牠主張凡不敬拜海之獸者，都不得做買賣（十三 17），即實行全面性的商貿經濟封鎖，好迫使全民就範。在此，一如學者哥斯達（Craig R. Koester）所形容的，這是以經濟手段影響人在信仰上的忠誠。[3]

（2）此獸以六百六十六此數目為其特徵（十三 18）。由於「七」有圓滿、達標的意思，「六」便是殘缺不全，引申為邪惡的意涵。三個「六」是指全然的邪惡，其也可能是指大紅龍，加上海陸二獸，組成邪惡的三位一體。

（3）牠給一切跟隨海之獸的人蓋印，蓋印有歸屬及操控之意，[4]其大概是指此獸設計了一套監察系統，作用是操控人民，好鞏固海之獸的霸權。

如是者，在末世，人類會分成兩大類別，一是受獸印記者，另一是受神印記者（七 3），且看來並沒有中立兩可的餘地。[5]

畢竟，在世界的終末時，這三獸（大紅龍、海之獸及陸之獸）組成了邪惡大聯盟，牠們集結大軍，跟全能者及其大軍決一死戰。作者表明此戰爭發生在哈米吉多頓，其乃當時著名的戰場，結果是：那大城裂為三段，列國的城也都倒塌了……各海島都逃避了，眾山也不見了……（十六 19～21）。由此可見，邪惡力量打算在此孤注一擲，以為是一巔峯對決，殊不知竟然是強弱懸殊，一戰即敗，終被剷除淨盡，人類的歷史也落幕，如是者，世界的終局也來到。

說白了，哈米吉多頓之戰也是主再來之日的破曉時分。

留意大衛的詩有曰：我們倚靠神才得施展大能，因為踐踏我們敵人的就是祂（詩六十 12）。對於戰爭，大衛的觀察和詮釋實在到位。以上的一句，同時解釋了何以邪惡力量必如滑鐵盧之役，因為與全能神為敵者，必如螳臂擋車，終必全軍覆沒。

| 靈思小品 |

## 無花果的教訓

地與海並樹木，你們不可傷害，等我們印了我們神眾僕人的額。（啟七 3）

人之受印，是代表其有宗主和歸屬，引申有受保護的意涵。[6] 這裏表明，受印得著保護的人數，是十四萬四千（七 4～8）。

由於十四萬四千是十二支派中每支派一萬二千人的總和，而十二是一宗教數字，[7] 故一萬二千人是象徵著每支派所有屬神的子民，如是者，十四萬四千人代表了所有屬神的子民，[8] 一個也不遺漏地蒙神大能和恩慈的守護，不至在印之災中淪亡。在神那恩典的保守下，我們必將化險為夷，轉危為安。

話說在一個春和日暖的早上，一國王在某花園裏閒庭信步，踏在綠茸茸的草地上，感悟春暖花開的日子。他巧遇一老人，正在園中掘地種樹。

王好奇，問他：「你種的是甚麼？」

老人回答：「我種的是無花果樹。」

王想了一想，直率地問老人：「你已屆垂暮之年，無花果樹要多年後才能長大結果，你能等到那時，享受果實嗎？」

老人回答：「我沒想到這一點，但如果神賞賜我，必然可以；但如果不，別人也可享用。」

王回答：「很好，如果神真的賞你果子，記緊拿一點給我，我也想享受神的賞賜。」

老人連連點頭。

時間不斷向前推移，晃間過了多年。有一天，老人拿了一大籃子的無花果，走來獻給國王。

王龍顏大悅，叫侍從拿走了無花果，然後拿來金子，把空籃子裝得滿滿的。

老人感到愕然，不解地問王：「我給你的只是無花果，你怎樣給我這麼多的黃金？」

王淺笑著回答：「既然神賞你無花果，我以黃金賞你，有何不可？」

老人連聲多謝，把金子拿回家，更把事情全告訴妻子。

妻子聽後大喜。她走到市場，買了一籃子無花果，走到國王面前，訛說是從老人所種的無花果樹上摘下來的，期望能得到同樣的賞賜。

王大怒，力斥妻子：「我賞你丈夫，是因為他勤力，也出於我的恩慈心；你卻取巧，以為可以不勞而獲，實在可惡。」

妻子無功而還，更被杖責了。

## 深度反省

世人都想走捷徑，甚至不勞而獲，然而，明眼人都知道凡事要付代價才有所成。

有人說，真正的勝利，不是勝過別人，而是能跨越自己，勝過自己的怠惰，不斷求取進步。惟有這樣，我們的生命，才有所成長。

人生難免有順有逆，時夷時險，在順境時我們大可展翅高飛，但逆境往往能使我們深度體悟人生。

說到底，人活著，必須敢於冒險，探索未來，憧憬遠方，感受天地之間，體驗生死之界，努力地把日子過得如詩，把歲月過得如畫，正是「順也江湖，逆也是江湖」，人生才顯得精彩。

## 禱告

父神，我需要你大能的保守，也需要你給予我成長和事奉的動力，因為救恩始自你，成聖也在乎你，我也要多下苦功。我深信，緊靠著你，我必能做到。

第十一部

# 啟示錄（三）：第三異象

# 26 大淫婦，大巴比倫

此異象的內容極之豐富（見十七1～二十一8），其帶出來的效果是：末世的世情多變，情況是本來邪惡勢力佔盡上風，然而拐個彎來，神的審判臨到，海陸二獸及其跟隨者大敗，消亡於旦夕間。

經文大致可分為七段，而這七段構成了一齣向前不斷發展的戲劇，一幕接著另一幕，情況有如流水行雲，且律動感極強；且看以下的分段：

（1）大淫婦及其坐騎（十七1～18）。

（2）為大巴比倫舉哀（十八1～24）。

（3）彌賽亞的盛筵（十九1～10）。

（4）主的再來（十九11～21）。

（5）千禧年（二十1～6）。

（6）撒但及人類的終局（二十7～15）。

（7）新的天地（二十一1～8）。

## 26.1 ｜ 大淫婦

先看大淫婦及其坐騎此段落（十七1～18）。在宇宙舞台的大屏幕上，出現了極為震撼的一幕，是為一坐著怪獸的婦人，橫空而出，嫵媚嬌美，配戴著寶石珠瓔，打扮得雍容華貴，可說是驚艷登場。[1]

細心看看作者是如何描繪此婦人的神采。一方面她坐在眾水上（十七1），意即統管世界，[2] 外表雍容華貴，打扮出眾：……穿著紫色和朱紅色的衣服，用金子、寶石、珍珠為妝飾；手拿金杯（十七4）。[3] 然而，另一方面她作事卻使人毛骨悚然，如杯中盛滿了可憎之物，就是她淫亂的污穢（十七4），又喝醉了聖徒的血……（十七6）。此言反映了羅馬帝國表面看來風光強大，道德卻敗壞（淫亂的污穢的意思），其最使人嘔心的，便是殘殺聖徒，以之為樂事。

事實上，當時的信徒會被捉到鬥獸場和角鬥士場上，死在兇猛的野獸下，而在場人士卻興高采烈，揚聲歡呼，興奮莫名。這場景實使人嘔心。

留意此婦人，其別名是大巴比倫（十七5），其意思明顯是指著羅馬帝國而言。[4] 因公元七十年，羅馬的大將提多，把耶路撒冷及聖殿剷平，一如昔日的巴比倫，把耶路撒冷及聖殿全毀。到了公元九十年代，即約翰寫作的時日，此說法已廣泛地流傳於初期教會中：羅馬是一如昔日的巴比倫（見彼前五13），是神子民的敵人。

而這道德崩壞的貴婦之坐騎，是一怪獸。此獸的形態，跟十二章3節出現的，代表魔鬼的大紅龍相若，映現出其邪惡本性，這便是遍體有褻瀆的名號的意思(十七3)。在此，異象中竟出現了天使(十七7～13)，作者對此奇景作出了解釋，其重點是不論是婦人還是怪獸，其都是邪惡的；二者將結盟，試圖雄霸天下。但意想不到的是，其發生了內哄(十七16)，此情境説明了邪惡勢力的所謂結盟，結果總是離不開內鬥不斷。

作者表明，看來主宰著世界大局的地上政權，不論是當下的羅馬帝國，還是末世的敵基督霸權，不論看來有多麼強大，看似天下無敵，但面對著羔羊再來的威榮，審判卻事在必行，終局必是全然覆亡(十七14)。

説到底，只有好表相，內在卻虛無破落，儘管存活，也只是空心。大限一到，灰飛煙滅，蕩然無存是必然的結局。人是這樣，世上的政權亦然。

## 26.2 | 大巴比倫

至於為大巴比倫舉哀這部分(十八1～18)，其實早於上一章，作者已表明巴比倫所代表的羅馬，將受到嚴厲的審判。然而，作者看來是意猶未盡。他用了一章的篇幅，仔細地描畫當巴比倫遭審判時，她的淒涼慘況狀，而旁人只能歎息不已，卻沒人能夠，或是願意施以援手。

作者約翰本就以先知自居(見十11)，在此，他用了傳統先知式的哀歌表達形式(見結三十二2～32)，[5] 故全篇富有濃厚的詩歌體裁特色。此舉有助讀者們記憶，在公開宣讀此章時，亦更形流暢，好讓人留下深刻的印象，可見是有修辭的作用。

值得留意的是，羅馬帝國的擴張，並不一定表示，其有著一個征服世界的通盤大計。[6] 換言之，帝國是靠著跟被征服的盟友結盟，藉此維繫帝國領土的完整，盟友也樂於成為它的附庸，因為：(1)奉其為盟主引來四方的和平，不再需要與近鄰交惡和鬥爭；(2)經濟也因而繁盛了，因全國都成為經商的對象(交通發達)。

換言之，服膺於羅馬，會帶來生活安定，地方繁榮，何樂不為？

在此，約翰卻表明，終有一天，同盟將土崩瓦解，盟友將眼巴巴看著羅馬受罰。

回到這一章，學者高勒亨(Allen D. Callahan)形容為「狠批古羅馬帝國的政治和經濟」。[7] 全首哀歌可分為三組：(1)天之哀歌(十八1～8)；(2)地之哀歌(十八9～20)；(3)結語(十八21～24)。在此，天和地都舉哀，表明大巴比倫的覆亡是徹底的。留意在結語中出現了多次的決不能再(十八21～23)，原文是由兩個否定詞組成，[8] 意思是指巴比倫悲慘的終結已成定局，滅亡是肯定的。

留意古希臘賢豪色諾芬(Xenophon)曾指出，活在大自然中，反而比起文明的生活來得有道德、修養和快樂。這是因為文明使人依從社會所定下的規矩和風俗生活，目的是要帶來政治和經濟的穩定，但可惜也容易因而喪失了道德操守和人性的尊嚴。[9] 這正是大巴比倫這大城的問題——其以強大的政治力量，帶來了穩定的局面，如是者，舉國的經濟蓬勃非常，更以此為傲，變得不可一世。然而，結果是官商勾結，用人為私，朝堂黑暗，民生凋敝。社會上更是是非不分，公義不彰，道德敗落；貧窮者朝不保夕，活得苦澀，卻無人施以援手。尤有甚者，帝國更視那些活得清高，講求愛心的基督跟隨者為敵人，打遏不斷。如此殘害忠良，終必從高處殞落，分崩離析，一如十八章17節所哀念的：一時之間，這麼大的富厚就歸於無有了。歸於無有即如鏡花水月，轉眼成空，追悔莫及。因為審判的主公平公正，更明察秋毫。祂必出手，也絕不留手。

說到底，這曾風光一時的大城大巴比倫，終落得「空虛孤單寂寞冷」的下場。在此，神的判決是：有罪（guilty），且判以死刑（sentenced to death）。

# 27 | 彌賽亞的盛筵，主的再來

作者在描寫完地上巴比倫所代表的羅馬帝國，及敵基督國度的受審判和覆亡是何等徹底後，他回到了天上的情況，而天上倒是一片澄明。這裏他旨在帶出一強烈對比。猶記得作者於約翰一書二章16至17節有此言：因為，凡世界上的事，就像肉體的情慾、眼目的情慾，並今生的驕傲……都要過去，惟獨遵行神旨意的，是永遠常存。在此，都要過去和永遠常存構成了另一強烈對比。

## 27.1 | 天上的歡樂，彌賽亞的歡宴

説到底，這對比便是地上充滿咒詛之聲，天上卻盡是哈利路亞的讚美，正如啟示錄十八章20節在大巴比倫被神重判之後，有此預告：天哪，眾聖徒、眾使徒、眾先知啊，你們都要因她歡喜，因為神已經在她身上伸了你們的冤。

哈利路亞意即你們要讚美耶和華。在舊約，其出現在詩篇一〇六篇、一一一篇至一一三篇等。在新約，則只出現於啟示錄此處凡四次，學者保洛特（Luther Poellot）稱之為新約之哈利路亞大合唱（hallelujah chorus），[1] 映現著其乃如一盛大的音樂

劇；對於讀者來說，這哈利路亞大合唱，是來自天上的綸音，使心靈得著振奮。留意這裏也出現了阿們一詞，其乃音譯自希伯來文，是神子民在敬拜和禱告神時常用的結語，意即誠心所願。

繼而，在這躍動不已的、猶如劇終前的一幕大團圓結局的情節後，緊接著的是一盛大歡宴，其乃彌賽亞的筵席（Messianic banquet），成就了在世耶穌在最後的晚餐時，應許門徒的一句：從今以後，我不再喝這葡萄汁，直到我在我父的國裏同你們喝新的那日子（太二十六 29）。觀此，啟示錄十九章這裏所言的新婦（7 節），固然是指著教會而言；而有分赴宴者（即賓客），則明顯是指著門徒，即一切跟隨主的人，也即是教會。故這裏是一雙重的象徵（即新婦和賓客），表明神的應許是必然會實現的。在此，天使不單有此宣告，還要求約翰用筆記錄下來：凡被請赴羔羊之婚筵的有福了。繼而，更信誓旦旦地保證：這是神真實的話（十九 9）。

總的來說，這裏的婚宴是一比喻，而其用意主要有三：

（1）主耶穌與其子民之間的愛及生命交融的關係，以人倫關係中的夫妻關係作為比喻，是最為妥貼的（見弗五 22）。
（2）在古代社會，婚宴往往是城中最大的盛會，其不單成為城中熱話，其歡愉之情，更一時無兩。這也是在世的耶穌，經常以婚宴為喻的原因。
（3）婚宴也是人們聚集的時刻，天上的彌賽亞的婚筵，正正代表了一切神的子民都聚集在那裏，一個都不遺漏。

總之，當地上邪惡政權走上末路的一刻，便是天上神子民歡聚一堂慶功之時（見十九1～10）。活在當下的教會，其實已如新婦許配給了基督，只等候主的再來，接教會進入榮耀裏，此情境由是構成了「已然未然」（already but not yet）的張力。端此，地上的教會實應好好裝備自己，牢牢守著自己的貞潔。在約翰時代，教會的挑戰便是敬拜君王，要奉君王如神明和偶像；在我們的時代，便是追趕生活，追求物質享受，追名逐利等。端此，不管世間如何翻天覆地，烽火連天，我們務必竭盡所能，牢牢守住心中的這片淨土，絕不留下任何空隙，容許世俗洪流湧入，污染我們的心靈。

回看當主離世前，曾向門徒等人應許，此去並非永別，因為終有一天，祂必再來，接門徒等人到祂那裏去（約十四3）。那期待已久的時刻，在此異象中已來到。

## 27.2 | 主的再來

對於主再來時的威榮的描寫，這異象是全本聖經中最為詳盡細緻的。再來的主，如一雄糾糾、氣昂昂的戰士，祂的坐騎是一匹白色戰馬。呈現此態勢的用意有三：

（1）對比起先前出現的大淫婦及其怪獸坐騎，雄姿英發的主，是宇宙間善良正義力量的代表，有著王者的威嚴；大淫婦及怪獸，其光怪陸離的態勢，代表了敵擋神的邪惡力量，看起來使人嘔心。在此，二者形成了強烈的對比。

（2）對比起在世的主耶穌，當祂榮進耶路撒冷時，其坐騎是一驢駒子，表明祂乃和平之君，雖為君王，卻柔和謙卑；而這裏的卻是強悍有力、勇猛非凡的戰士君王（warrior king）。二者形成另一強烈的對比。在此有學者指出，這裏有關主再來的描述，乃出自撒迦利亞書九章9至10節，其指出執行公義，施行拯救的王，是騎著驢駒子的。啟示錄這裏卻是騎著白馬（十九14），顯出了這裏是一超越性的形容，[2] 意思是謙卑的彌賽亞，變成了一末世性的、威風凜凜的、坐在白馬上的「戰神」；好一個屬靈的大變身。[3]

（3）一如學者布朗德（Brian K. Blount）所力陳，父神的全然得勝，是藉著羔羊達成的。[4]

值得留意的是，古羅馬那時對將軍有一理想的看法，其靈感是來自古羅馬的政治家及軍事奇才龐培（Pompey）。龐培生於公元一世紀，從軍數十年，是當時羅馬最勇猛的統帥。他能征慣戰，強悍非常，從他身上表現出一個成功將軍的四大要素：[5]（1）熟知戰爭這回事；（2）有技巧和戰略；（3）有威望；（4）表現專業，有勇氣及智慧。

在此，威風八面、榮耀至極的再來的主，是全然符合、甚至超乎以上要求的。因為祂是榮耀的人子，滿有神性，更是全能者，是「宇宙最強」，儼然是神子民的「戰神」。祂統領著正義之師（數不盡的天使天軍），戰意高昂，把邪惡部隊打得潰不成軍。在此，敗軍之將的敵基督者，就是連夾著尾巴逃命的機會都沒有，結果全軍覆沒。

留意前文出現的海之獸，其所象徵的政治性領袖（十三

1～10），一方面是暗指羅馬政權，另一方面是指著末世的敵基督者，其厲兵秣馬，肆意迫害神的子民（十三7），堪稱神子民的「殺神」。對比起再來的主，這位從神而來的理想統帥的威猛及勇力，敵基督者明顯被比下去。在這一場善惡對戰中，戰況是敵魔不堪一擊，全軍覆沒。

按此了解，這是一場「殺神」對「戰神」的巔峯對決，儼如前文所提及的哈米吉多頓之戰（十六16）的足本版。戰況是「戰神」大敗「殺神」，戰果分明，高下立見，好一個「邪不能勝正」。

畢竟，作者的用意是，神子民所敬拜和信靠的主耶穌，是獨一無二、天下無敵的萬王之王，萬主之主。因此，活在世上，飽歷滄桑，多受磨練的神的子民，要知道人生其實是一場持久戰，故不必驚惶失措。

說白了，靠著主，神子民只需遇山開路，逢水搭橋，挺身昂首，大步向前。只要拐個彎來，前路自然變得豁然開朗，風光旖旎，因為主再來的日子已近眉睫。

接下來，約翰又用了一個踹酒醡的比喻（十九15），形容把敵人全然擊潰的狀況。在古代，釀酒的重要一步，便是把熟葡萄放在一酒槽裏，然後釀酒工人進入槽中，用腳使勁及不斷地踐踏葡萄，使葡萄汁全然被壓榨出來。說白了，把自奉為神的敵基督者及其聯軍全然擊潰，乃舉證著再來的主耶穌，是**萬王之王，萬主之主**（十九16）。[6]

最後，作者以一古代戰場，在激戰過後滿目瘡痍的場景為比喻，其結果便是：那獸被擒拿；那在獸面前曾行奇事、迷惑受獸印記和拜獸像之人的假先知，也與獸同被擒拿。他們兩個就活活地被扔在燒著硫磺的火湖裏（十九20）。火湖象徵著承受永遠審判的地方，也可稱為地獄。這裏回應了十六章13至14節及二十章8節所描述的，一場宇宙性的終極正邪對決的戰果。[7]

末了這一段描述，旨在表明敵軍將全然潰敗，當中那身為罪魁禍首，十惡不赦的敵基督者和假先知，必不能倖免。

邪惡勢力，只可說其是夜郎自大，不可一世於一時，一見真章，便不堪一擊。凡自以為比天更高者，當公義的主再來，必被打回原形，墮落為塵，沉淪於地獄。地獄的可怕，可以如此形容：它是一個無止境地墮落的深淵。

## ｜末了的話｜

## 「道」的多重意義

在約翰福音中，耶穌是**道**成了肉身，住在人間。這**道**跟如作者般的信徒同在，其表面看來只是人子，其榮耀被隱藏起來。作者因而在其所寫的福音書中，殫精竭慮地舉證這活在世上的**道**（Word；留意這裏 W 是大寫的），其實是神的獨生愛子（約一 1～18）。

到了約翰寫他的三封書信時，主已升天而去，留下的，是有關祂的教導和生平事迹，是為神的道（word；留意 w 是小寫的）。在此，**道**所指的，便是福音（約壹一1）。約翰指出，神的子民，必須以遵守主的**道**為重中之重的任務。再者，任何人在教導真理上，偏離了福音，其便是異端邪説（約貳9節）。

到了啟示錄，同一位作者約翰卻表明，這位再來的王者：……穿著濺了血的衣服；祂的名稱為神之道（啟十九13）。換言之，再度出現的**道**（Word），是滿有能力，威風八面，絕殺敵魔的宇宙最強者。

總的來説，約翰心中所念念不忘、朝思暮想的大人物只有一位，便是成了肉身的**道**（Word），也即是被教會宣揚的**道**（word），以及那萬眾期待，從榮耀中駕臨的**道**（Word）：我主耶穌基督。

換言之，約翰神學的中心，便是耶穌基督，堪稱「以基督為中心的神學」（Christocentric theology）。這一點，跟新約的眾作者（如其他福音書的作者、使徒保羅等）看齊。

# 28 千禧年

二十章1至6節這段落出現了撒但斂迹一千年，不再為禍人間的良辰美景，是一切跟隨主的人與再來的主共同治理大地的黃金歲月。

英文millennium，即千禧年，其實是由「一千」及「年」的兩個拉丁詞組合而成。在時間上，如果相信它是未來的，是再來的主在地上所設立的話，其被統稱為前千禧年學派（pre-millennialism）；如果以之為已實現了的，即是指教會時期，[1]其可稱為無千禧年學派（amillennialism）。在學術界裏，主要便是以上兩大學派之間的激烈爭論。[2]

也許，雙方所枚舉的芸芸眾多理由中，最值得考慮的，便是按猶太人來說，一個由神全然掌權的國度，必然是在未來，即人類歷史的盡頭才出現。[3]畢竟，猶太人看歷史為直線的（linear），而不是循環的（circular）。作者約翰既是猶太人，自然存此觀感。這也是整個啟示錄思想的向度，其是向前發展，而不是不斷在循環打轉。[4]

接下來，便是爭議這一千年的「一千」，是照著其字面的意思理解，還是象徵性的。[5]以文體論，象徵意義理應居先，亦正因此故，大部分學者都主張，一千是指一段頗長的時段。畢竟，其是否真的是指一千年並不重要，重要的是其意義何在，且看以下的論述：

（1）這一千年主要是為了那些殉道者及沒有受獸印記的忠信者而設，一方面是為他們伸冤，另一方面是一項賞賜（二十4），是應驗了在世的主對門徒的應許：……你們這跟從我的人，到復興的時候，人子坐在祂榮耀的寶座上，你們也要坐在十二個寶座上，審判以色列十二個支派（太十九28）。按此了解，這段經文的重點，是在於申明這一千年存在的作用。[6]

（2）其成就了神創造人的本心。人類有著祂的形象樣式，好叫人類有能於代表神管治大地（創一26）。不過，亞當因犯罪墮落了，未能妥善治理全地。直等到耶穌基督，這末後的亞當出現，成就救贖世人的豐功偉績（見羅五12～19），情況便得以扭轉。這末後的亞當再來之時，在祂的帥領下，人類終能回復有能於管理大地，即祂的初心。[7]

（3）作者表明，頭一次復活者都有分於這千年之治（啟二十6）。按此了解，人類共有兩次的復活（指身體的復活），[8] 首次發生在這裏，作者表明有分於此的人是蒙福的。其言下之意是，對於第二次復活的人，便很難說了（其是一普世性的復活；見二十13）。

留意學者哥斯達（Craig R. Koester）表示，這裏出現的兩次復活的說法是非比尋常的。[9] 在此，我們只可以說，作者約翰那奇特的說法，是來自上頭而來的啟示。

作者言詞鑿鑿地表明：*在頭一次復活有分的有福了，聖潔了*（二十6）。我們的回應是：不單要相信，還要全然相信。

說到底，這是一聖徒全然成聖的大日子。

在慈愛主的恩慈和守護下，我們都有分於這榮耀的一刻。

｜靈思小品｜

## 諾曼第的追憶

……他們必作神和基督的祭司，並要與基督一同作王一千年。（啟二十6）

祭司乃代表人類服事神，是神創造亞當時，早已給予人類的身分；作王是指我們本有王者的身分，有能於統管世界。在此，作者表示，在那未來的一千年中，我們才能全然實現作祭司及作王這兩個尊貴的身分；能夠有此良辰美景，全因為我們是跟萬王之王的再來的主一起作王，共同執政。

有一年，我被服事機構派往英國教學。我便順道到法國，造訪在那裏工作的弟弟。

有一天，弟弟駕著車，和我及其家人一起暢遊法國北面海岸。

我們從諾曼第出發，沿著北海海岸的公路飛馳。

沿途海闊天空，景物怡人，好一個北海海岸自駕一天遊。

我們終停下來，在一休憩區吃早已在家中預備好的午膳。

我獨自一人，走到一山頭居高臨下，俯視下面的沙灘及眺望遠方的汪洋。

這山頭和下面的沙灘高度落差很大，中間則是一斷崖式的斜坡。我鼓起勇氣，沿著一條羊腸小徑，走到下面的沙灘。

那是一石灘，石頭都是些圓滑的小鵝卵石。

據了解，鵝卵石的形成，是因著長期受著波浪的沖刷，稜角終被磨掉而成，足見這裏浪潮之大。

事實上，那處全都是這類的石灘，這樣的峭壁，更是一望無際的；這巍峨的景觀真不錯。

我愛海，難掩心中的喜悅，終忍不住，便赤足走進了北海的水裏，並駐足其中。

坦白說，雖是夏天，水仍是冰冷的，風也大得很。怪不得這裏泳客斂迹，就是旅客，也只有我和弟弟一家；我在拍了照後也離開了。

回想昔日，盟軍便是在這環境下登陸歐洲大陸，反攻德國的納粹政權。

## 深度反省

如今我也來到這充滿歷史回憶的諾曼第海岸，親身體驗到那裏的環境——其實是頗為惡劣的。可想而知，昔日盟軍必然是冒死地犧牲了很多生命，才能攻堅克難，把敵魔打敗，換來和平。

只可惜，還看今天，人類並沒有因而記取教訓。世界仍是戰禍不斷，加乘以恐怖主義突襲，槍擊案頻仍，還有勾心鬥角的間諜戰、傳媒戰及經濟商貿戰等，真的是戰雲密佈，烽煙四起，而且各大強國皆致力於軍備競賽！看來我們的世界不妙了，世界和平這理想更形飄遠。

作為神的子民，使人和睦這重任，看來是從來沒有如此地迫切。

也許，按著這裏一千年和平之年的啟迪，我們是要等到主的再來，於撒但全然被封鎖的那一千年的黃金歲月，這理想才能實現。

這一千年又稱為千禧年，因著其存在，我們便有了盼望，世界和平也可期。

## 禱告

主啊，我甚願你來，你曾應許：我必快來（二十二20），我在期待，在仰望。

# 29 撒但及人類的終局，新天新地的出現

一如學者杜霍（J. Scott Duvall）所指出，那一千年過後，被釋放出來的撒但將重施故技，誘騙世人，[1]當中被煽惑者眾（啟二十7～15）。這些人大概是出生在那一千年的日子中，換言之，儘管經過基督之治，殘存的邪惡力量仍足以帶來人類的浩劫。一方面足見人類生命的軟弱，另一方面也映現人類要真的和平共處，安享永年，魔鬼是絕對不能存留的。按此了解，全能的父神終把魔鬼*扔在硫磺的火湖裏⋯⋯直到永永遠遠*（二十10）。這是對魔鬼及其追隨者的終審和刑罰。

留著魔鬼，必定貽害無窮，其必須完全消失於宇宙的舞台。至於這裏所描繪的，火湖的刑罰是指永遠地受刑，還是永遠地消失而不復存在這一神學論爭，對於約翰來説，並不構成任何問題。[2]因為無論如何，從今以後，在宇宙舞台上演的惟一劇目裏，撒但和一切與神為敵者，已絕對沒有任何戲分，也就是再沒有「然後」了。

接下來，普世性的復活便發生，是為第二次復活。在這有如法庭的場景裏，出現了兩本冊子，其一是*生命冊*（二十12），代表了一切沒有受獸印記的屬神的子民，其名字都寫在上面。

另一是案卷（二十12），其代表了人一生的所作所為，或善或惡，都逃不過明察秋毫、坐在白色（代表得勝）大寶座（代表至高無上的王權）上的神的審判（二十11）。這是一項終審，而總的來說，這白色大寶座上的終審，其焦點便是凡人的名字寫在生命冊上的，都不用經歷那可怕和致命的、第二次的死。

換言之，人有兩次的死亡和復活。第一次的死是沒得選擇的，因為人人都有一死；對比起來，第二次的死卻是可避免的，只要人選擇跟隨基督。再在對比之下，人頭一次的復活是可選擇的，第二次的復活，倒無可選擇，因其是一普世性的復活。

末了，人的生和死都蘊含著重大意義，能夠看懂人生，透析生死之道者，才是站得高、看得遠，堪稱深諳世情的智者。雖然世局紛擾，生活艱苦，但這樣的人仍能排除萬難，破波斬浪，活出一個最好的自己，好配合那榮耀一刻的來到。

但願你我都能有廣納百川的胸懷。名字銘刻在生命冊上，意即蒙神記念眷顧，此乃蒙福之最；願你我都是這樣。

在一切惡勢力都被根絕後，新天新地終會呈現在眼前，這便是在第三異象中，出現在作者眼前的最後一幕（二十一1～8）。

新天新地是一個心靈得以重建的好地方。然而，到底這地方，即未來那完美的世界，是現今世界的全然翻新，還是一完全不同的境界，學術界的爭論可說是波濤萬丈，方興未艾。

事實上，今生與來世之間有著持續性（continuity）和非持續性（discontinuity）。注重其持續性者，自然是相信未來是現今世界的更新版。重視其非持續性者，則支持未來是一截然不同的世界。由於其是一未來世界，描繪這未來天地的，又是啟示文獻，具高度象徵性，故我們難於判定誰最正確。[3]

不過，也許以下的說法能提供幫助。

當神創造這物質宇宙時，物質並非邪惡的，一如神在六日創造時，都以「好」(good)一語來形容其創造的美善(創一10、12、18、25、31)。按此了解，我們有理由相信，未來的世界，是一個被神更新了的物質世界。[4] 畢竟，以下的兩處經文，支持了注重(今生與來世之間的)持續性這觀點：[5]

(1) 聖城新耶路撒冷由神那裏從天而降……(啟二十一2)。端此，新天新地是發生在地上。

(2) 看哪，神的帳幕在人間(啟二十一3)。人間意即這世界。此應許也成就了神創造人類的初心，即神與人共同管理大地。

在下一個異象中，作者自會對這新天新地的完美世界進行細緻的描繪，二十一章這一段只可算為其序幕，當中重點有：

(1) 神與祂子民能暢通無阻地感通(二十一3)。

(2) 世間的苦澀痛楚都成過去，神子民終可以翻篇了(二十一4)。

(3) 神子民心靈的需要，得著全然的滿足(二十一6)。

(4) 教會終於得著所應許的永生(二十一7)。

## | 末了的話 |
## 平行宇宙

有些人幻想著世上有平行宇宙。

他們都期望躍進那宇宙裏，活一個另類的人生，且大有可能是活得更好，幸福滿滿。這映現著此乃人類心中的盼望：活一個更好的人生。

且看以下一個甚有啟發性的故事，是一個關於父女相依為命的科幻奇情故事。

父親乃數學天才。女兒剛大學畢業，由於怠於學習，成績平平。她常感到自己遠不及父親，內心極為愧疚。

有一天，父親不幸被賊人襲擊，重傷入院，昏迷不醒。女兒自極為擔心，卻亦只有無奈地守在父親的牀前。突然，不知怎的，她到了另一個世界。在這故事中，女兒稱原本的世界為**草莓世界**，而平行宇宙為**芝士世界**。

在**芝士世界**裏，女兒回到了中學時代，她更發現自己原來是無父無母，在一孤兒院中成長。她感到惶惑驚恐，亦大惑不解何以至於此。她想盡法子，務求回到原本的**草莓世界**，好能照料父親。

稍後，她遇上了在**芝士世界**裏的父親，其也是數學奇才。遇見了他，女兒自然努力地追認此長髮披肩，性格和作風卻與自己的父親完全不同的漢子。幾經轉折，這漢子成了她的數學老師，更終證實他與她有血緣關係，他確是她的父親。

在這過程中，女兒努力地學習數學，並且得著這位既是父親，又是老師的數學天才的真傳，能深度透析數學的竅門，領略這門學科的套路。於是，她終於成名，一舉證明了她承繼著父親的優良遺傳，疊加以後天努力，她自是成績超卓，成就非凡。如是者，原本她在**草莓世界**感到遺憾的事，終能在**芝士世界**這平行宇宙裏得著補償。

說到底，平行宇宙只會出現於戲劇裏。然而，不論平行宇宙是否真的存在，重要的是，我們有否珍惜一個活在當下的自己，勤奮好學，努力實現人生夢想，完成一生的召命。如是者，不論是在**草莓世界**，還是**芝士世界**，我們都能無悔此生，活得踏實和愜意。

留意以下的一段經文：……神要擦去他們一切的眼淚；不再有死亡，也不再有悲哀、哭號、疼痛，因為以前的事都過去了（啟二十一 3～4）。

端此，我們是相信有天家的。這另一個世界，比起我們當下活著的世界，無疑是全然地優勝，那實在是好得無比的（見腓一 23）。

可事實上我們仍得「活在當下」。那麼，如何活，是要看我們有心於甚麼，無心於甚麼。

有人說，平凡也很美，例如芒草漫天之美，美在廣大、遼闊；美在隨風擺動，芒花遍開；美在自由自在，逍遙寫意。

只要我們存好學的心，孜孜不倦地學習，生命不斷地成長，眼界既高且遠，世界觀和價值觀自然會改變。不論是今生還是來世，我們都能活得豐盛（見約十 10）、充實和愜意。

願我們都能「在地若天」地活在當下。

| 靈思小品 |

## 「卡廷」慘案

……死了的人都憑著這些案卷所記載的，照他們所行的受審判。（啟二十 12）

世局的末了其中一項必然發生的事，便是公義必然得到伸張，沉冤必然得雪，因為主是公義的，也是全知的，在祂所主持的普世性的終審下，一切在世上含冤受屈的屬神子民，大可放心。

二〇〇七年上映了一齣名叫《卡廷》（*Katyn*；有譯作《愛在波蘭戰火時》）的電影，劇情極其震撼。

這是一部歷史寫實片。卡廷（Katyn）這處地方位於前蘇聯境內，靠近東歐波蘭的地區，區內盡是莽莽山林，本是一荒蕪之地。但在一九四〇年，即第二次世界大戰的初期，當地建有多個集中營，用作囚禁多達數以萬計被擄的波蘭戰俘。後來，更被發現近兩萬具波蘭人的屍體埋在那地。

一路以來，國際間都指這是納粹德國做的好事，然而，真相乃是前蘇聯最高領導人史大林（Joseph Stalin）下命令把這批波蘭戰俘全數殺掉。

那時，有證據顯示，美國總統羅斯福（Franklin Roosevelt）其實是知情的，即早知此慘劇的元兇是前蘇聯，但由於在大戰中兩國屬盟友關係，實在不宜開罪對方，惟有轉而把罪責指向德國。

直到前蘇聯最後的一位最高領導哥巴卓夫（Mikhail Gorbachev），及前蘇聯解體後的葉利欽（Boris Yeltsin），才公開承認此乃前蘇聯的惡行，更是由國家最高領導人史大林下此殺戮令。

由於我們大都只留意六百萬猶太人遭屠殺，或是我國的南京大屠殺等更嚴重的戰爭罪行，才沒有留意卡廷所發生的慘劇。

據聞，被殺害者大部分是波蘭的精英，如醫生、律師、工程師、公務員及數以萬計的大學生等，可見殺人者的狼子野心，就是要把整個國族全然滅絕。這滅絕人性的惡行，委實令人髮指。

## 深度反省

卡廷大屠殺發生在遙遠的上世紀四十年代，如何為受害者追索？如何補償他們？如何才能為他們伸張正義？

人世間種種可怕的惡行，因著種種理由，看來是難於一一清算。然而，終有一天，當那天上的法庭開審，主持者便是那位明察秋毫的再來的主。因為祂是無所不知及全然公義的宇宙主宰，祂必正直不阿，把一切不法者繩之於法。

## 禱告

公義的主，求你賜我忍耐，相信終有一天，世間一切不義的事都必被揭發，並且得著應得的報應。

第 十 二 部

# 啟示錄（四）：第四異象及後記

# 30 ｜ 異象及總結

雲卷雲舒，潮起潮落，世界終局已定，這便是一句都成了（啟二十一6）的意涵。此話的原文乃眾數，故其是指主再來時那必然發生的各種事項，如審判及救贖等，都一一實現了。如今，是描寫未來世界是何等美善的時候了。在此，學者布朗德（Brian K. Blount）所言甚是，上文的千禧年是一過渡性時段，如今美好時光卻存到永遠。[1]

當然，要描繪未來的世界誠非易事，作者便選擇了採用高度象徵性的表達方式。這一點，也許解釋了他為甚麼選取啟示性文體的體裁，藉此言情寄意。因此，在解釋這些象徵時，我們不宜停留於其表面的意思，而要稍用我們的想像力，有如觀劇般，投入劇中的意境，感應其所要指向的背後的屬靈真相。

在此，作者以三大比喻為主軸：是為新婦（二十一1～8）、新耶路撒冷（二十一9～27）及伊甸樂園（二十二1～5）。

## 30.1 ｜ 三大比喻

這三個比喻都包含著濃厚的神學背景。首先，它們早已出現在舊約的先知書內，且看以下的點列：

（1）新婦：賽六十一 10，六十二 5；又參耶二 2。

（2）耶路撒冷：詩四十八 1～2；結五 5。

（3）樂園：結四十七 1～12。

第一個比喻是新婦，其代表了神的子民，新郎則代表主耶穌，這喻意明顯得到在世的耶穌及保羅的支持；前者見馬太福音九章 15 節，後者見以弗所書五章 25 至 26 節。這比喻有以下的三大特點：（1）強調了基督與教會之間那份在愛中生命交融的狀態，是一密不可分的關係；（2）在猶太人的婚姻制度裏，女子是先許配予丈夫，然後過了一段時間（約一年），才正式成婚的。此情況用作比喻地上的教會，即教會早已許配予基督，但成婚之日，便是當主再來之時；（3）啟示錄常以善對比惡，二者常同時出現，例如：

（1）新婦對比大淫婦。

（2）新耶路撒冷對比大巴比倫。

（3）天上的寶座對比撒但的座位。[2]

（4）父神、羔羊及聖靈對比大紅龍、海獸及陸獸。

（5）三位一體的神對比邪惡的三位一體。[3]

（6）伊甸樂園對比火湖。

這種寫作手法，反映了典型的啟示文學那二元論的哲學觀。正是正邪不兩立，人必須作出選擇，擇善而固執之。最終，邪是不能勝正的。

第二個比喻是新耶路撒冷。留意此城是從天而降的(二十一10),這映現了一項事實:地上的耶路撒冷已因戰禍而被拆毀,不復存在。耶路撒冷的重要意義,是在於其代表了地上屬神的羣體。城內的聖殿,乃舊約神子民的信仰標誌。當然,如今地上的耶路撒冷已沒有了聖殿,取而代之的是一清真寺。城內有猶太人、基督徒及穆斯林等,人種已然混雜,其與理想中的聖城,也有著很大的落差。端此,從天而降的新耶路撒冷,表明了這理想中的聖城終於出現。換言之,地上的耶路撒冷所不能達成的,這新耶路撒冷卻能。[4]

留意以西結書四十八章35節在形容未來神的聖城時,有此句:從此以後,這城的名字必稱為「耶和華的所在」。也因此故,約翰筆下的聖城,是以神的榮光,取代了日光燈光,神的榮耀,已足以照亮全城;其是無分晝夜(其實等於沒有黑夜;見二十二25),無盡無了的(二十一23)。

至於第三個比喻,即伊甸樂園,其早已消失於歷史中。原本,樂園的設立是為了讓人類能置身其中,因著與神同在而能安身立命,盡得神的恩助而安居樂業。可惜始祖犯了罪,被擯於樂園外。從此,樂園不復存在。但在未來的世界裏,樂園將重現,表明人類終回到原點:[5] 享受與神同工,管治世界的美境。

留意在形容新耶路撒冷時,作者以地上的實物,象徵其背後的屬靈意義,例如城是如碧玉和玻璃,城中的街道是如黃金,城門是如珍珠及各類的寶石(二十一11、21),城的長寬高都是四千里(二十一16),[6] 是一正立方體等等;旨在帶出一個理想中的耶路撒冷,是何等的和諧對稱,目不暇給,美得難以言表。

在形容樂園時，作者表示：每月都結果子；樹上的葉子乃為醫治萬民（二十二2）。其意思是，果子用作食物，葉子也能治病。我們不禁會問：這豈不表示，在來生人仍是會生病？然而，這並不是這象徵所要表達的，作者旨在指出，樂園中的生命樹是實至名歸的，其給予人的，是一個全然健康、無病無痛的永恆生命。

有道是：「醫生治了病，卻治不了命。」生命樹卻能全然治癒人的生命。換言之，神給予人的永生，是一全方位、整全的生命。

在此，作者以一城一園來形容這未來的世界，儼然是人類心中理想之城（見來十三14）及桃源仙境，是在那彩虹深處的夢幻之都，是歷世歷代人類所渴求的詩和遠方，是在世上顛沛流離如客旅的神子民那天上的永恆家鄉。

總結而言，藉著聖靈，約翰的素筆變成了點睛之筆，為神國的子民帶來永不磨滅的盼望：是永生，是來生，是盡善盡美的永恆。

## 30.2 ｜ 後記篇

在寫畢四大異象後，作者在信末寫下後記篇，旨在鼓勵那活在當下，面對著荊棘滿途，且前途未明的教會，切不可灰心喪志，反倒要聽取啟示錄中的忠言，虔守箇中的教導，因著主必再來，教會務必常存盼望，好能在這條人生的天涯路中，穩步向前，走向神為教會所預備的天上宮闕。

此經段中不斷出現勵志性的說話，時而來自主，時而來自天使，有時更不知其是來自主還是天使，原因一如一章1至2節作者所表明的，啟示是來自父神，然後透過主耶穌，傳達給天使，再傳送至神的僕人及眾教會。端此，來自天使的啟示，也是來自主的。

以下是後記篇內五句意義深長之經文的詮釋：

……不可封了這書上的預言，因為日期近了。（二十二10）

因著拒絕敬拜君王，約翰被流放至拔摩島上。飽經錘鍊的他，如今心竅通達了，心靈開悟了，成為了時代的先知（見十8～10），在異象中目睹神在末世的奇妙作為，更把其以啟示預言的形式（apocalyptic prophecy）記存下來，著書立說，是為啟示錄。

留意在那些年，書寫本已不是容易的事，更何況是身處物資短缺的孤島拔摩，寫的是凡二十二章的巨著。但因著約翰身為使徒，更蒙主吩咐要把異象好好地寫下來，好傳流後世。端此，他惟有殫精竭慮，寫下啟示，再找來信差，將洋洋大觀的巨著，傳送至七教會，這實在難得。說白了，這也是身為使徒的召命和職事，在此，約翰可謂超額完成。

還看約翰的一生，盡是起起伏伏，忽夷忽險，但也因而造就了約翰的生命。垂暮之年的他，其屬靈境界更臻化境。他可說是大器晚成。

不義的，叫他仍舊不義；污穢的，叫他仍舊污穢；
為義的，叫他仍舊為義；聖潔的，叫他仍舊聖潔。
（二十二 11）

這是一格言，是反映了但以理書十二章 10 節的措辭。從神學上看，其意思是指沒有神的揀選和恩待，不義的人是難於改變的，即使有神的啟示，也難於感悟其為金石良言，從而察納雅言，改過遷善。可見神的主權是有絕對的淩駕性，其超過了人那自由意志的選擇。那怕是邪魔外道的破壞和政治力量的搞作，都不能得逞，因為再來的主是萬王之王，萬主之主（啟十九 16）。

從啟示錄的思路上看，當人選擇其是跟從那獸還是羔羊時，便是他的定局。[7] 如是者，格局左右結局，無怪乎在後記中作者向讀者們發出邀請，其中包括了聖靈和新婦：聽見的人也該說：「來！」口渴的人也當來；願意的，都可以白白取生命的水喝（二十二 17）。生命的水即是使人得著生命的水，即是得著永生——其是主白白賜下的。只要相信基督，跟隨祂到底，便可白白地稱義成聖（見羅三 24），終得永生。端此，起點是稱義，其決定了得著永生的終點。

有曰：「起點決定終點」，便是這個道理。

留意啟示文體本充滿咒詛、審判和刑罰，然而，啟示錄仍有向世人發出悔改歸正的呼喚，足見作者的佈道心。

時間的長河蜿蜒而前，瞬間已過了約二千年，對於活在當下的我們，啟示錄中的警告和信主的邀請，仍在向我們說話。距離主再來，還有一點點時候，如今悔改仍未晚。

……我是明亮的晨星。(二十二16)

這裏經文的背景是民數記二十四章17節:……有星要出於雅各……;[8]繼而,但以理書十二章3節亦指出,義人必發光如夜空中的天星。在此,學者包衡(Richard Bauckham)指出,這裏是反映著以賽亞書六十章1至3節的背景,焦點是從神而來的拯救。[9]因此,晨星有照明、給世人引路、拯救迷失者的意義。[10]

留意我是明亮的晨星這一句,是來自主耶穌。再者,在給推雅推喇的信簡中,主對教會的應許是:我又要把晨星賜給他……(啟二28)。主的意思是:凡追星者必能如願。

在此,不禁想起那套一度膾炙人口,深受香港人歡迎的韓劇《來自星星的你》。

劇中的女主角本是紅極一時的演員,然而,因著一連串她所不能控制的事件,事業一落千丈。落寞的她,卻巧遇一來自另一星球的年輕伙子,二人墮入愛河,自此,她生命活得不再一樣。

二〇一八年推出的另一韓劇《男朋友》,內容也相仿。女主角生在官宦之家(議員的女兒),嫁入豪門世家。後來離了婚,感情生活一片空白,內心空蕩蕩的,惟有全情投入事業。

有一次,貴為酒店總裁(戲中稱為代表)的她到古巴出差,偶遇了一也來自韓國的年輕伙子。回國後,發現這年輕人竟然是她的下屬,如此,二人便走在了一起。

因著這性情開朗豁達的伙子,她的生命起了巨變。二人恩愛纏綿，在排除萬難後，終能活得幸福美滿。

在此，韓國有以下的一首詩：**天上羣星，有一顆在俯瞰／地上羣眾，有一人在仰望／某時某地，他們邂逅了**。也許，以上的韓劇，是從這詩得著靈感；其也反映了不少人憧憬著如果能遇上一星級人物，心靈定飛躍至九霄雲外，生命因而改寫。

留意聖經其實早已應許，只要世人願意，便能遇上那位來自天上，曾一度降世為人，後又回到榮耀處的、有如晨星的神的兒子耶穌基督（腓二 6～11）。

如果閣下是追星者，請細讀以下叫我們能追及那顆明亮的晨星的套路，其涉及四大步驟：

（1）深度細讀福音書所記述的主耶穌的生平事迹（約二十 31）。
（2）進入寧靜裏，駐足於大自然，默想如今還活著的主耶穌，習練用心靈感應祂的同在（practice His presence），好讓心靈與復活主聯上。
（3）因著這份「主心我心」的心境，開始回望自己，反覆思量，嘗試看懂自己，感悟自己的人生，進一步了悟世情；這是一個心意轉化更新的過程。
（4）把各方面的感悟植入每天的生活裏。換言之，學習於日常與主同行，把信仰生活化。

以上的操練，使我們一步一腳印地走進基督的生命，也即是把外在的、關於基督的認識，藉著體悟，內化成為生命的素養。若能這樣，生活和行為也會隨之而改變。

與此同時，基督的靈，也進入我們的生命，締造了人與主相互內住（mutual indwelling）的屬靈境界，一如在世的主命令門徒：你們要常在我裏面，我也常在你們裏面……（約十五 4），如是者，我們的生命將不斷改變，心靈煥然一新，思想也不斷更新，視野持續拓闊，價值觀更有所重整，思維模式更貼近主的所思所想。

終有一天，我們和成長了的自己不期而遇，那份難以言傳的動人感覺，叫我們只能感恩不已，讚美不斷。

說白了，主耶穌來自天上，祂便是要改變我們生命的那顆耀眼生輝、閃亮奪目的晨星。

> ……若有人在這預言上加添甚麼，神必將寫在這書上的災禍加在他身上；這書上的預言，若有人刪去甚麼，神必從這書上所寫的生命樹和聖城刪去他的分。
> （二十二 18～19）

這絕對是一個最強烈的警告。如此的措辭，也顯出約翰視他所寫的啟示錄的屬靈權威，與正典中的各經卷看齊；[11] 其用意是一如彼得後書三章 15 至 16 節所力證的，保羅書信實乃權威之作，任何人都不能私自強解，否則，後果是自取沉淪，其意思和這裏的刪去他的分相若。

話說回來，啟示錄誠然重要，整本聖經的存在更為重要，否則，我們無從認識並活出真理，在真道上永為門外漢。

在此，近代華人作家朱自清說得好，他指出世上的事離不開人，也離不開書，人加上書便是歷史，也造成了歷史。[12]約翰福音的妙處，便是其不單在寫歷史，更是在寫戲劇，劇目便是耶穌基督的偉大事迹。

我們推想，耶穌的動人故事，深深地影響了整個屬神羣體，不斷地推動他們以各種方式，把耶穌的故事存錄下來，好能代代相傳。為了方便寫作和閱讀，早期教會把當時的人慣用了數百年的書卷（scroll），改以書本（codex）的形式。這是因為書本容許紙張的底和面都寫上字，並且易於翻閱及攜帶。相對之下，書卷則笨重得多。

端此，基督的信仰，不單把文化提升了，也使文字、寫作和閱讀普及化了。

我們的信仰，以一本書的形式（即聖經）流傳萬世，即使是文盲也受益不淺（因其可從聽道而明道，從而信道）。

在此，唐代大文豪韓愈有曰：「書山有路勤為徑，學海無涯苦作舟。」學海無涯，好學不倦才是王道。

總的來說，文字工作，在任何年代都是不可或缺的。

有人說：「失去自由，人變得迷茫。然而，活得自由，人也不見得不迷茫。」

聖經的答案是：「有主同行，方向便明確，走的路也光明」，正如耶穌所應許的：我是世界的光。跟從我的，就不在黑暗裏走，必要得著生命的光（約八12）。

「……我必快來！」阿們！主耶穌啊，我願你來！（二十二20）

主耶穌阿，我願你來一句，原文只有三個字，直譯是「來，主，耶穌」。留意保羅於哥林多前書十六章22節的一句：主必要來（Lord, come），其是以亞蘭文 *marana tha* 寫成的，可見此句是操亞蘭文的猶太信徒，和操希臘文的外邦信徒的共同語言，以及代表著整個教會羣體的盼望。[13]

由於此句亦出現在《十二使徒遺訓》（*Didache*；大約與啟示錄同時期成文，即公元95年）有關教會守主餐時的禱文中，按此了解，約翰寫下這一句主耶穌啊，我願你來時，其靈感可能是來自教會恪守主餐之時。

端此，活在當下的教會，當帶領信徒用主餐時，理當想起約翰所寫的啟示錄，深信主必再來，一如保羅於哥林多前書十一章26節所言：你們每逢吃這餅，喝這杯，是表明主的死，直等到祂來；又如耶穌在設立聖餐時曾有此預告：從今以後，我不再喝這葡萄汁，直到我在我父的國裏同你們喝新的那日子（太二十六29）。按此了解，聖餐是有指向未來的向度，其焦點便是主的再來，此乃教會的終極盼望。

主再來的盼望，是肯定的，是永不磨滅的，這是新約各作者所共證的。信徒心靈因而大得提振，在屬靈上猛進自強，敢於迎難而上，向著那榮耀的一刻大步走去。[14]

歸結而言，啟示錄的信息，好像一塊巨石，猛然投進我們的心海，激起了陣陣漣漪。願你和我都因而動心，振奮起來，不畏艱辛，勇闖餘生。

# 後　記

## 一、約翰人生的征途

約翰蒙召於加利利的海濱，那時，他芳華正茂，好一個韶華少年，剛開始了跟隨著主的征途。

在世的主耶穌帶著他和門徒等人，走遍加利利及猶太地，繼而闖出巴勒斯坦，朝著泰爾和西頓進發（見太十五 21），此役使約翰等人的視野拓闊了。稍後，在十字架上的主更把母親馬利亞交給約翰照顧（約十九 25 ～ 27），然後蒙主派遣，成為使徒，以普世為宣教工場。

主升天後，約翰成為耶路撒冷教會的柱石。尤有進者，稍後他更遠走至以弗所，並且遊走及事奉於七地的教會（即以弗所、士每拿、別迦摩、推雅推喇、撒狄、非拉鐵非及老底嘉；見啟一 11，二 1 ～三 22）。春來暑往，秋收冬藏，多年晃間逝去，在牧會的悠長歲月裏，約翰盡見世情的瞬息萬變，時而薄雲滿天，流轉不斷，時而晴空萬里，簡單爽朗，各地教會的生態也變化萬千，不一而足。從約翰書信所映現的，起碼，約翰經歷過異端的衝擊（約壹二 18 ～ 19）、教會內部不良分子的挑戰、甚至與他為敵的人的公然對抗（約叁 8 節），可說是飽歷滄桑，閱人無數。後來，更因著信仰，遭受政治迫害，被流放至拔摩孤島（啟一9）。雖然活得不容易，但在寂靜裏，反而使他進入深度的思考中，更因著聖靈的感動和啟示，他寫下充滿異象的啟示錄，勸勉及警告眾教會，並且預言末世，推測未來世局；當中他細膩地描繪了主再來時那力度萬鈞的磅礴氣勢（十九11～16），繼而便是那新天新地的理想世界，也即是本已消失，卻又再現的伊甸樂園（二十一章及二十二章）。

說白了，約翰能寫下前所未有地細緻的末世啟示，可說是洋洋大觀。他本人更朝著人類所憧憬的詩和遠方，那天上的家園，驅馳而往。

有曰：「你的眼界，決定你的世界」。約翰如果沒有高而又遠的屬靈眼界，哪有如此深厚的功力，寫下共二十二章的啟示文學作品，並且寫得如此鏗鏘有力，淋漓盡致？

由是觀之，約翰雖已屆垂暮之年，白髮飛霜，卻活得淡定、冷靜和篤定，好一個世事洞明皆學問，人情練達即文章。約翰的作品精彩絕倫，映現著他屬靈生命的登峯造極，在他人生征程上留下了耀眼生輝的戰績。

回想起來，約翰在其福音書中從來沒有提及自己的名字，[1] 在書信中也是如此。在啟示錄中，儘管他的名字多次出現（見啟一2、4、9），卻只可算是迫於無奈。他被困於與世隔絕的孤島，要寫信給當時遠方的教會，有必要清楚表明身分。按此了解，約翰從來無意標榜自己，他是一保持低調的屬靈高人（也許是因為本來在家中，他是弟弟，雅各是兄長）。

猶記得當他朝著主的空墳墓跑去時，約翰福音二十章4至

6節有此記錄：兩個人同跑，那門徒比彼得跑得更快，先到了墳墓，低頭往裏看，就見細麻布還放在那裏，只是沒有進去。西門·彼得隨後也到了，進墳墓裏去……。其實，那門徒大概便是約翰，他先到墳墓卻讓後來的彼得先進去，這是一份禮讓。他便是這樣的人，不論是緩步還是急跑，他都保持一貫的低調，好一個「真人不露相」。

不過，約翰雖然只活在人類歷史中的某一個點面，他的影響卻是千秋萬世。他不單是那時代實至名歸的高人，聞說他還有多位門徒跟隨他，如知名的教父帕皮亞（Papias）和坡旅甲（Polycarp）。他的驚世之作啟示錄，可說是為整本正典聖經打上了圓滿的句號。

在任何時代，當教會面對迫害，前有狼後有虎時，約翰的啟示錄都為選民打開了一扇希望之窗，讓生命之光透射進來，藉此肯定選民的存在意義，給予他們堅持到底，從而反敗為勝的鬥心，好勇毅地走闖人生的萬水千山，更乘風破浪，風雨兼程，務要得著那生命的冠冕。正如約翰在他的福音書內所記存下來的，在世的主耶穌的應許：我實實在在地告訴你們，信的人有永生（約六47）。綜上所論，啟示錄指出了苦難其實是信徒生命的常態。不過，苦盡卻甘來，因為黑暗之後便是光明。

總的來説，約翰活得有厚度、有光澤和有質感。他緊緊地跟隨著主，走的是一趟意想不到的奇幻之旅。

説到底，約翰在告訴我們，其實信徒都成了候鳥，雖飛遠了，總不忘回家的方向，就是那彩虹深處的天家；這便是我們能常存盼望地活著的理由。

儘管人生路是一程山，一程水，真的是山高水長，乍雨乍晴，隨機應變乃是必然的。憑著信，信徒習練逢山開路，遇水搭橋，面對苦難卻雲淡風輕，[2]從而挺身昂首，走出陰霾，朝著未來的榮耀，一步一腳印地向前大步走去。

有道是：再長的路，一步一步總會走完；最短的路，不邁出半步卻永走不完。

所以，向前踏出第一步，往往是最具挑戰性的。願你我都敢於在自己的賽道上起步。

## 二、沒有學問的小民

曾幾何時，猶太領袖看約翰（和彼得）只是沒有學問的小民（徒四 13），意思是指約翰並沒有師承任何知名拉比（如拉比迦瑪列；見徒五 34），實乃村野之輩，孤陋寡聞，是不可能如此有膽色，昂然佇立在眾長官面前，面不改容色不變地公然表達他們的信念的：耶穌乃彌賽亞。

畢竟，這種表面相人的功夫，是大多數人的做法，即以貌取人。然而，約翰的勇力，其實在於他那內在生命的強大（因有聖靈的給力），意志的堅定，乃至決心成就復活主所託付的，把福音傳至地極（徒一 8）。

留意我國被譽稱為「雜交水稻之父」的袁隆平，生於一九三〇年，因著他，我國稻米不足的問題得著緩解，普世（如印度及馬來西亞）也因而受惠。

坊間有曰：「食飯靠雙平：鄧小平及袁隆平。」此話可能說得太滿，然而，袁隆平的人生，絕對是「平地一聲雷」。

袁隆平來自江西省九江市德安縣袁家山村，可算是一鄉野之輩。後來因勤奮向學，終畢業於西南農學院。他的一生，便是要解決百姓吃不飽的問題。

有一次，他在亂世中目睹了多人因飢餓而死亡，此情此景大大震撼了他。從此，他決定透過培育雜交水稻，優化其素質，提高其產量，好能造福蒼生，緩解糧食不足的問題。從此，不論順境逆境，他誓不讓這理想飄遠。

袁隆平的配偶是鄧則（又名鄧哲），本是他的學生，二人的結合是透過旁人為袁隆平説媒而成事。

話説由於聽聞老師瘋了（太醉心於研究），作為學生，理應探望這位害了病的老師。如是者，便成就了二人的第一次約會。後來二人墮入愛河，結婚生子。鄧則全然支持丈夫的科研。

那些年生活艱苦，袁隆平因工作關係患上皮炎和胃炎。他便學習與疾病共存。

貧窮的日子不易熬，例如有一次就是連栽種水稻苗的盆子也沒有。袁隆平便拿了自己孩子的碗碟盤子充當之。他妻子也不反對。

有一次，為了栽植種子，袁隆平竟然把種子塞進自己的耳朵內，因他認為人的體溫，是最適合種子萌芽；終因疼痛不已，要叫妻子幫忙把種子從耳中取出。當時妻子先是吃了一驚，然後小心翼翼地把已發芽的種子取出，之後仍神色自若，不以為然，一笑置之。看來，妻子也是「瘋了」。夫妻二人便是相愛相攜至此。

因著有了初步研究成果，袁隆平把專文寄往科學期刊。這專文竟然引起國家科委會高層的注意，決定重點支持他的研究。這樣，在文革時期，本應遭受勞改處罰的袁隆平，得以逃過一劫。在十年文革中，他不但沒被批鬥，反而能繼續他的研究。這實在是萬幸。

其實，他的科研路亦是荊棘滿途，陰晴不定的。多次的失手，以致坊間傳出不利的消息。他的兩個徒弟問他：「到底你還有沒有信心？」

袁隆平肯定地回答：「我很有信心，我們必定成功。未來失敗必然會發生無數次，然而，成功只一次便夠了。」

從二十世紀末到二十一世紀初，袁隆平獲獎無數，享譽國際：二○○四年獲世界糧食獎基金會頒發世界糧食獎；二○二○年被國家委任為湖南農業大學名譽校長，生命愈顯閃亮。他逝世於二○二一年五月。

袁隆平功成名就，然而生活依然簡樸。他的名句是：「人最有價值的東西是腦袋裏的知識，錢夠用就行，多了就是包袱。」

袁隆平曾表示，自己一輩子的願望，便是天下人得飽吃。他為此而生，為此而燃燒此生。畢竟，還看今天普世貧富懸殊嚴重，不少人仍朝不保夕，活得一窮二白，要人人活得溫飽，看來只是一遙不可及的願景。

然而，這願景卻終生鞭策著本是村野之輩的袁隆平，朝著波濤起伏，也波瀾壯闊的稻海揚帆，雖然風雨載道，他卻無畏無懼，朝著他的詩和遠方直闖，活出一個為國為民的忘我人生，委實值得我們致以最高的敬意。

總的來說，外表看來只是農夫一名的袁隆平，因著心中的信念，終達成他的願望，活得極致。

約翰亦然，他看來只是沒有學問的小民，是一介漁夫，卻因心中有主，雖歷盡滄桑，內在生命卻強大，因而能拔地而起，憑著信心的翅膀，飽經淬煉，展翅高飛，活得閃耀，成就可觀。

## 三、愛的力量

整體而論，使徒保羅被譽稱為信的使徒（apostle of faith；因他強調因信稱義），彼得被稱為望的使徒（apostle of hope；因他強調活潑的盼望；見彼前一3），約翰則被稱為愛的使徒（apostle of love；因他強調彼此相愛；見約十三34；約壹三14～18，四7～11、19～21；啟二4）。說到底，愛，有何珍貴之處？愛的力量又有多大？

還看天下間許許多多男女之間的愛情故事，其中有一故事的情節，頗為感人。

話說男女主角都深愛著對方。有一次，女方作出了莫大犧牲，男方深受感動。

在不期而遇中，他們之間有以下的對白：

男：「完了。」

女：「甚麼？」

男：「找不到出路。」

女方有點迷惘，卻莞爾一笑，然後追問：「你在說甚麼？我聽不明白。」

男的走近女方，帶著笑容，在她耳邊細語：「你讓我愈陷愈深，無法自拔。」

他們款款情深地對望，親切地相擁。

說到底，基督那無邊的大愛使一切跟隨者感動不已，甚至心甘情願，以命相酬這位恩主。

在此，門徒約翰力陳，我們愛，因為神先愛我們（約壹四19）。端此，基督教是一奉行愛的信仰，這尤指我們與救主耶穌之間的互動互愛。

按此了解，約翰及其他門徒心志如此堅定，更是在所不計地付出，其原因便在於此。換言之，愛使他們愈陷愈深，無法自拔。對主的愛，成為他們事奉的強大動力。

這是愛的使然。

人生是一場萬里長征，只要心中有主的大愛，心中深情地戀慕著祂，且從愛出發，努力地奮戰下去，其餘的都只屬旁枝末節。

最後，請留意愛情故事裏常有的這一句：「我愛你，儘管是天涯海角，我也要和你在一起。」

約翰深愛著主，儘管征途上盡是荊棘、泥濘和沙石，不論是耶路撒冷、以弗所，還是拔摩孤島，就算是天涯海角，他也誓要和主走在一起。這便是門徒約翰。

我們也可以像他這樣地活在當下，並堅持要這般活下去，活得閃耀，迢耀千里。

# 註　釋

## 前言

1　馮唐：《了不起》(北京：北京聯合出版，2022)，頁 25。

2　馮唐：《了不起》，頁 27。

## 第 1 章

1　如學者 D. A. Carson, Murray J. Harris、Craig S. Keener、Andreas J. Köstenberger、Colin G. Kruse、J. B. Lightfoot、Herman N. Ridderbos、B. F. Westcott、Robert W. Yarbrough；詳細名單見 Daniel L. Akin, *1, 2, 3 John* (Nashville: B&H, 2001), 27n.22。

2　彼得被稱為西門．巴．約拿，故他的父親名叫約拿(太十六 17)；他有岳母，卻是佚名的(可一 30～31)。

3　如巴拿巴(意思是拿巴的兒子)、巴拉巴(即拉巴的兒子)、巴撒巴(撒巴的兒子)，及亞勒腓的兒子雅各(太十 3)。

4　Emma Southon, *Agrippina: The Most Extraordinary Woman of the Roman World* (New York/London: Pegasus Books, 2019), xxiii.

5　"...towards the end of Domitian's reign, AD 95," G. R. Beasley-Murray, *The Book of Revelation* (Grand Rapids: Eerdmans, 1974), 38.

6　即 *misthōtos*；參 *TDNT*, 4:695～728。

7　留意耶穌所行的其中一項神蹟，便是把魚變成足夠所有人食用的食物，此神蹟同時出現在四卷福音書中；見：太十四 13～21，十五 32～38；可六 37～44；路九 10～17；約六 1～15；在比較這些記錄時，以約翰福音六章 1 至 15 節為最長篇，反映了此乃作者的興趣，因他乃漁夫。

8　卡森：《約翰福音》，潘秋松譯(South Pasadena：麥種，2007)，頁 1046。

9 對照路加福音五章6節的網險些裂開。

10 留意五餅二魚的神蹟，也出現在約翰福音中，而其他出現在符類福音的神蹟，卻沒有出現在約翰福音中，可見作者對魚甚有興趣。

**第2章**

1 詳參 *ISBE*, 2:147～155。

2 一如昔日摩西帶領以色列人進入曠野，故曠野便是彌賽亞出現的地方。祂要帶領其子民進行二度的出埃及，即新的出埃及（new exodus）；關於此題旨參張永信：《新約深度行：歷史及神學導論》（香港：宣道，2019），頁64～71。

3 見 *TDNT*, 4:975～1008。

4 隨後的耶穌亦然。

5 "...do what is right according to God's righteousness," Benno Przybylski, *Righteousness in Matthew and His World of Thought* (Cambridge: Cambridge University Press, 1980), 105.

6 留意日後當人領受基督教的洗禮時，同時也領受聖靈；見：徒二38，十44～48等。

7 "...probably late in the 1st century, John's movement still continued, especially in Asia Minor...," *ISBE*, 2:1110.

**第3章**

1 "It is parallel to the account of the call of the first four disciples...," I. Howard Marshall, *The Gospel of Luke* (Grand Rapids: Eerdmans, 1978), 199.

2 留意路加把耶穌醫好彼得岳母之神蹟，放在呼召門徒之前，旨在凸顯女性的地位；"For Luke the fact that the subject of the healing was a woman was certainly significant," Marshall, *The Gospel of Luke*, 194。

3 當然，彼得更是，因他後來進入百夫長，即外邦人哥尼流的家中傳道，聖靈也降臨在所有聽道的人中，如是者，彼得便為他們施洗；見：徒十1～48，十一11～15，十五7～9。

**第4章**

1 路加福音二十四章12節只言及是彼得一人前往。

2 現場還有多馬、拿但業、西庇太的兩個兒子，及另外兩位門徒（約二十一 2）。

3 有一說法指耶路撒冷教會的信徒逃走至佩拉（Pella）古城，藏身於洞穴裏。

4 " ...in the shape of a spearhead," James R. Edwards, *From Christ to Christianity: How the Jesus Movement Became the Church in Less Than a Century* (Grand Rapids: Baker, 2021), 33.

5 冠冕（*ton stephanon*）指得勝的華冠，象徵著勝利；生命的冠冕是同位所有格（genitive of apposition），意即這冠冕，便是生命，即永生。

6 見 Edwards, *From Christ to Christianity*, 33。

7 見 Edwards, *From Christ to Christianity*, 33。

8 喬瑟夫．史奇貝：《塔木德故事集：認識猶太經典的哲人與浮生百態》，郭騰傑譯（台北：啟示，2017），頁 236。

9 " ...utilizing all the skills gained through imitation of the masters," Jo-Ann A. Brant, *John* (Grand Rapids: Baker, 2011), 9.

### 第 5 章

1 參張永信：《馬太福音注釋：耶穌基督——多重身分，跨界高手》，上冊（香港：宣道，2020），頁 3。

2 Stanley E. Porter, *John, His Gospel, and Jesus* (Grand Rapids: Eerdmans, 2015), 15；這是大部分學者的意見，George R. Beasley-Murray, *John* (Nashville: Thomas Nelson, 1999), lxxv。

3 Craig S. Keener, *The Gospel of John: A Commentary*, vol. 1 (Grand Rapids: Baker, 2003), 3～363.

4 Keener, *The Gospel of John*, vol. 1, 91～92；" ...is common among conservatives almost as a confessional expectations," Gary M. Burge, *Interpreting the Gospel of John: A Practical Guide* (Grand Rapids: Baker, 2013), 37.

5 James H. Charlesworth, *Jesus as Mirrored in John: The Genius in the New Testament* (London: T&T Clark, 2019), 174～199.

6 " John wrote for an oral reading, so the narrator as the reader, the one who takes on the role of the narrator by reading the words supplied by the author," Brant, *John*, 7；這樣，宣讀者，也即是讀者，便自然而然地進入了作者的世界。

**第6章**

1 按 Porter, *John, His Gospel, and Jesus*, 89～119, 225～245 的分析，序言及後記跟主體文章是一個整體，反映其來自同一作者；又 David F. Ford, *The Gospel of John: A Theological Commentary* (Grand Rapids: Baker, 2021), 25～42。

2 "...to participate with him as we read, to become a member of his theatrical audience and enjoy and understand what he attempted to do when he wrote this Gospel," Burge, *Interpreting the Gospel of John*, 98.

**第7章**

1 見 *ABD*, 3:885。

2 見 *ABD*, 3:885。

3 愛任紐的舉證是眾多外證中最有力的；Beasley-Murray, *John*, lxvi；Eusebius, *Ecclesiastical History* 5.8.4。引自 Stephen S. Smalley, *John: Evangelist and Interpreter* (Carlisle: Paternoster Press, 1998), 76；其圖表參 Burge, *Interpreting the Gospel of John*, 49。

4 參 Smalley, *John*, 76；又 F. F. Bruce, *The Gospel of John* (Grand Rapids: Eerdmans, 1983), 12。

5 見 *ABD*, 3:886。

6 見 *ABD*, 3:885～886。

7 這克林妥（Cerinthus）異端有可能便是約翰一書中所言及的，分裂教會的敵基督者（見約壹二 18～19）。

8 把約翰福音和約翰書信的內容及措辭作比較，見張永信：《約翰一二三書：教會復興攻略——愛弟兄、守誡命、斥異端》（香港：明道社，2013），頁 4～5。

9 作者的事奉人生始自耶路撒冷，然後是安提阿，最後是在以弗所，見 Beasley-Murray, *John*, lxxx～lxxxi。

**第8章**

1 其他的如一章 49 節裏拿但業對耶穌的宣認：拉比，你是神的兒子，你是以色列的王。

2 見張永信：《馬可福音》，卷上（香港：天道，2010），頁 17。

3 "If Mark is responsible for the Second Gospel, it is very difficult to see how he can also

be the author of the Fourth," Smalley, *John*, 85.

4 "...but John makes it clear that he is also an actual person (for example 21:24)," Rodney A. Whitacre, *John* (Downers Grove: IVP, 1999), 15.

5 引自 Smalley, *John*, 80。

6 詳參 Smalley, *John*, 80～81。

7 見 Raymond E. Brown, *The Epistles of John* (Garden City: Doubleday, 1982), 577～578。

8 留意耶穌的母親和約翰的母親，二人大有可能是有親戚關係的，詳見 Burge, *Interpreting the Gospel of John*, 39。

9 詳見 William Loader, *Jesus in John's Gospel: Structure and Issues in Johannine Christology* (Grand Rapids: Eerdmans, 2017), 2～12 對其理論解說。

10 "...the highest possible Christology, the inclusion of Jesus in the unique divine identity, was central to the faith of the early church even before any of the New Testament writings...," Richard Bauckham, *Jesus and the God of Israel: God Crucified and Other Studies on the New Testament's Christology of Divine Identity* (Grand Rapids: Eerdmans, 2009), 19.

11 其精簡分析見 Burge, *Interpreting the Gospel of John*, 36～37；圖表則看頁 75。

12 "It is far more likely that one individual stands behind this document than that a community does," Whitacre, *John*, 20.

13 尤其是主張後人所修訂的，其實是以門徒約翰的思想為主導。

## 第 9 章

1 引自 Smalley, *John*, 78。

2 Burge, *Interpreting the Gospel of John*, 50.

3 引自張永信：《約翰一二三書》，頁 12～13。

4 Burge, *Interpreting of the Gospel of God*, 50.

5 "...there is no reason to reject this," Whitacre, *John* , 26；又 Gerald L. Borchert, *John 1～11: An Exegetical and Theological Exposition of Holy Scripture* (Nashville: B&H, 1996), 94；Andreas J. Köstenberger, *John* (Grand Rapids: Baker, 2004), 7 ～ 8；J. Ramsey Michaels, *The Gospel of John* (Grand Rapids: Eerdmans, 2010), 37 認為以弗所一地是最有可能的。

**第 10 章**

1 Bruce, *The Gospel of John*, 389.

2 留意馬太福音八章 1 節及二十二章 33 節，顯出眾人都驚訝於耶穌的教導；詳見張永信：《馬太福音注釋》，上冊，頁 275。

3 或是 distinguish、high 的意思，參 *ISBE*, 4:30。

4 詳參 Craig R. Koester, "Jesus the Rabbi and Teacher in John's Gospel: The Gift of Divine Instruction," in *Portraits of Jesus in the Gospel of John,* ed. Craig R. Koester (London: T&T Clark, 2019), 62～63 對「拉比」一詞的解說。

5 引自馬文．托卡雅：《猶太智典〈塔木德〉》，林郁編（新北：布拉格文創社，2015），頁 289。

6 "...represent a more open element among this group," Köstenberger, *John*, 117.

7 Michaels, *The Gospel of John*, 178.

8 Köstenberger, *John*, 118.

9 表示尼哥德慕仍是耶穌信仰的門外漢共有七項理由，見 Craig L. Blomberg, "The Globalization of Biblical Interpretation: A Test Case-John 3 ～ 4," *Bulletin for Biblical Research* 5 (1995): 5～7。

10 Michaels, *The Gospel of John*, 177.

**第 11 章**

1 此言響應著馬太福音四章 4 節當耶穌受魔鬼試探時，祂的一句：人活著，不是單靠食物，乃是靠神口裏所出的一切話。

2 Edward W. Klink III, *John* (Grand Rapids: Zondervan, 2016), 436～437.

3 引自 Frederick Dale Bruner, *The Gospel of John: A Commentary* (Grand Rapids: Eerdmans, 2012), 570。

4 "...the works of God which finds its expression in belief in Jesus," Klink, *John*, 437.

5 即 *katalambanō*；參黃錫木：《原文新約輔讀》（香港：基道，1994），頁 210。

6 "For he in his very essence is truth and life; Jesus is the one and only way of salvation," Köstenberger, *John*, 430.

7 關於猶太人對智慧的理解，見張永信：《你們說我是誰？：深度認識耶穌的 36 堂課》（香港：基道，2021），頁 25～27。

## 第 12 章

1 Catrin H. Williams, "Jesus the Prophet: Crossing the Boundaries of Prophetic Beliefs and Expectations in the Gospel of John," in *Portraits of Jesus in the Gospel of John*, ed. Craig R. Koester (London: T&T Clark, 2019), 94.

2 甚至希律安提帕斯在殺了施洗約翰後，看見耶穌的作為，便以為耶穌是施洗的約翰從死裏復活了（可六 14）。

3 "...with colourful characters, timeless appeal, a sense of progression and suspense, subtle use of focus and no little sense of drama," Mark W. G. Stibbe, "A Tomb with a View: John 11:1～44 in Narrative Critical Perspective," *NTS* 40 (1994): 38～54.

4 有學者指出，約翰福音內常映現有關摩西十誡的教導，J. H. Neyrey, "The 'Ten' Commandments in the Gospel of John," *Biblica* 102 (2021): 248～269。

5 Köstenberger, *John*, 47 ～ 48；Francis J. Moloney, *The Gospel of John* (Collegeville: Liturgical Press, 1998), 40～46.

6 "Jesus is far greater than Moses the agent of revelation," Keener, *The Gospel of John*, vol. 1, 281.

7 見：來一 1。

8 詳參張永信：《你們說我是誰？》，頁 154～155。

9 關於撒瑪利亞婦人之役，與猶太人之間的關係，詳參 Jonathan Bourgel, "John 4:4～42: Defining a Modus Vivendi Between Jews and the Samaritans," *JTS* 69 (2018): 39～65。

10 摩西卻因著自己的怒氣，用手中的杖擊打磐石兩次，此事招致耶和華神的重罰，使他不得入迦南（見民二十 11～13）。

11 約翰福音與符類福音的關係詳參 Leon Morris, *The Gospel According to John* (Grand Rapids: Eerdmans, 1995), 43～45。

12 "This is the one miracle... that is recorded in all four Gospels." Morris, *The Gospel According to John*, 300.

13 Morris, *The Gospel According to John*, 389n.10.

14 "...all authoritative revelation in the Gospel comes from him," Michaels, *The Gospel of John*, 200～201.

15 Morris, *The Gospel According to John*, 202.

16 當然，作者同時指出，這時的耶穌，已知道祂將被舉起，即被釘在十架上，成就救恩；見 Alicia D. Myers, *Characterizing Jesus: A Rhetorical Analysis on the Fourth Gospel's Use of Scripture in Its Presentation of Jesus* (London: T&T Clark, 2012), 92。

17 "For the Pharisees and the Jews, it is when Jesus acts that condemns him as a sinner," Myers, *Characterizing Jesus*, 151.

**第 13 章**

1 「神的兒子」最近期的研究見 Paul C. J. Riley, "The Translation and Transmission of Son of God in Arabic," *Tyndale Bulletin* 72 (2021): 25～47。

2 見張永信：《馬可福音》，卷上，頁 31～37。

3 見：路二 1。

4 關於羅馬帝國如何冒起，請看 Southon, *Agrippina*, xxiii～xxvi 的簡述。

5 人民並不以他為神，但在芸芸眾生中，他是最好的一位；Southon, *Agrippina*, xxviii。

6 詳見 Michael Grant, *The Army of the Caesars* (New York: Scribner, 1974), 55～84。

7 "Augustus made auctoritas a central component of his mode of governing," Lance B. Richey, *Roman Imperial Ideology and the Gospel of John* (Washington: Catholic Biblical Association of America, 2007), 30.

8 Richey, *Roman Imperial Ideology and the Gospel of John*, 31.

9 Karl Christ, *The Romans: An Introduction to Their History and Civilization* (Berkeley: University of California Press, 1985), 49.

10 "...with auctoritas he makes suggestions that will be followed," P. A. Brunt and J. M. Moore, eds., *Res Gestae Divi Augusti: The Achievements of Divine Augustus* (London: Oxford University Press, 1967), 84.

11 "...they can objectify and institutionalize this unstable form of charisma," Simon R. F. Price, *Rituals and Powers: The Roman Imperial Cult in Asia Minor* (Cambridge: Cambridge University Press, 1984), 58.

12 *ABD*, 4:133.

**第 14 章**

1 "That was one of the most vexing problems confronting Christians in the first century," Richey, *Roman Imperial Ideology and the Gospel of John*, 40.

2 張永信：《你們說我是誰？》，頁 119～201。

3 Alicia. D. Myers, "Jesus the Son of God in John's Gospel: The Life-making Logos," in *Portraits of Jesus in the Gospel of John*, ed. Craig R. Koester (London: T&T Clark, 2019), 142.

4 John C. Blunt, "John 1.18: 'God the Only Son'," *NTS* 31 (1985): 124～135.

5 Keener, *The Gospel of John*, vol. 1, 416.

6 "...Jesus' ontological connection to God," Myers, "Jesus the Son of God in John's Gospel," 142.

7 詳參 Loader, *Jesus in John's Gospel*, 22。

8 "...achievement are signs of moral habits," Aristotle, *Rhetoric* 1.9.33.

9 "...to evoke faith or disbelief," Keener, *The Gospel of John*, vol. 1, 278.

10 因著聖靈的感動，約翰才得見天上的異象，見：啟四 2。

11 見：撒下七 12～16。

12 即 *exēgeomai*；見 *LKGNT*, 219。

13 "...the perfect revelation of the Father," Keener, *The Gospel of John*, vol. 1, 281.

14 在這裏，學者基拿指出，耶穌表明信祂的人從腹中湧流出活水，直湧到永生，意即是摩西擊石出水，只能解人一時的口渴；耶穌卻是那賜人有如活水的江河（即聖靈）的磐石；見 Keener, *The Gospel of John*, vol. 1, 281。

15 "...confession of his deity becomes the ultimately acceptable level of faith...," Keener, *The Gospel of John*, vol. 1, 281.

16 "...learning, breadth and understanding, towers like a colossus," John Ashton, *Understanding the Fourth Gospel* (London:Oxford University Press, 1991), 45.

17 "The world picture of the New Testament is a mystical world picture," Rudolf Bultmann, "New Testament and Mythology," in *New Testament and Mythology and Other Basic Writings*, ed. and trans. Schubert M. Ogden (Philadelphia: Fortress, 1984), 1.

18 Rudolf Bultmann, *Theology of the New Testament*, vol. 2, trans. Kendrick Grobel (New York: Scribner, 1955), 9～10.

19 Bultmann, "New Testament and Mythology," 2～3.

20 Bryan R. Dyer, "Rudolf Bultmann and the Johannine Literature," in *The Gospel of John in Modern Interpretation*, ed. Stanley E. Porter and Ron C. Fay (Grand Rapids: Kregel, 2018), 134.

21 Dyer, "Rudolf Bultmann and the Johannine Literature," 120.

22 Rudolf Bultmann, *The Gospel of John: A Commentary*, trans. G. R. Beasley-Murray (Philadelphia: Westminster Press, 1971), 29～30.

23 Bultmann, *The Gospel of John*, 28；諾斯底主義稱為從神而出的發放物（aeons）。

24 Köstenberger, *John*, 34.

**第 15 章**

1 關於這一節的研究見 M. J. Edwards, "Not Yet Fifty Years Old: John 8.57," *NTS* 40 (1994): 449～454。

2 故祂是末後的亞當；見哥林多前書十五章 45 節；詳參 Brandon D. Crowe, *The Last Adam: A Theology of the Obedient Life of Jesus in the Gospels* (Grand Rapids: Baker, 2017)。

3 詳參張永信：《你們說我是誰？》，頁 128。

4 又參：可十四 62。

5 創世記二十八章 12 節的一句：……**有神的使者在梯子上來來去去**，與這裏的字序相同；見卡森：《約翰福音》，頁 253～254。

6 "...he is the contact between heaven and earth," Beasley-Murray, *John*, 28.

7 故被舉起是包括耶穌的死，死而復活，後更榮登天界，見卡森：《約翰福音》，頁 309～310。

8 "...is authorized and empowered by the Father to achieve salvation...," Beasley-Murray, *John*, 50.

9 怎麼樣呢不在原文內。

10 卡森：《約翰福音》，頁 438。

11 "...object of faith is Christ in his sacrificial offering of body and blood for the life of the world," Beasley-Murray, *John*, 95.

12 卡森：《約翰福音》，頁 579～580。

13 卡森：《約翰福音》，頁 747。

14 卡森：《約翰福音》，頁 691。

15 Moloney, *The Gospel of John*, 194～202.

16 卡森：《約翰福音》，頁 749。

## 第 16 章

1 Edwards, *From Christ to Christianity*, 121.

2 參 *TDOT*, 9:43～54。

3 基督一語，出現在約翰三書以外的新約每一書卷中。

4 即 *chriō*；參 *TDNT*, 9:581～593。

5 關於此詞在舊約的出現及用法見 Mark J. Boda, "Figuring the Future: The Prophets and Messiah," in *The Messiah in the Old and New Testament*, ed. Stanley E. Porter (Grand Rapids: Eerdmans, 2007), 37～38。

6 如：詩二 2，十八 50，二十 6，二十八 8，四十 7，八十四 9，一三二 10、17。

7 關於基督之概念，其於舊約先知書和兩約中間的發展，見張永信：《你們說我是誰？》，頁 393～398。

8 其他有關的經文如：賽九 1～6；結十七 22～24；彌五 1～5；亞九 9～13。

9 Michaels, *The Gospel of John*, 225～226.

10 "There is perfect communion between them...," Morris, *The Gospel According to John*, 218.

11 祂得著無限量的聖靈，便能把聖靈賜給他的門徒；見：約二十 22；弗四 7。

12 疊加以民數記二十四章 5 至 7 節；Matthew V. Novenson, "Jesus the Messiah," in *Portraits of Jesus in the Gospel of John*, ed. Craig R. Koester (London: T&T Clark, 2019), 113。

13 參 Thomas R. Schreiner, *New Testament Theology: Magnifying God in Christ* (Grand Rapids: Baker, 2008), 248～254；又 Smalley, *John*, 225～226；Raymond E. Brown, *The Gospel of John I～XII* (Garden City: Doubleday, 1966), 533～538。

14 有關好牧人為羊捨命之討論見 C. W. Skinner, "'The Good Shepherd Lays Down His Life for the Sheep' (John 10:11, 15, 17): Questioning the Limits of a Johannine Metaphor," *CBQ* 80 (2018): 97～113。

15 詳參卡森：《約翰福音》，頁 897～898。

16 "To believe in the son, therefore, is to receive life from the Father," Frank J. Matera, *New Testament Theology: Exploring Diversity and Unity* (Louisville: WJK, 2007), 293.

17 張永信：《馬可福音》，卷上，頁 31～37。

18 見張永信：《馬太福音注釋》，上冊，頁 286 的討論。

19 見 Michaels, *The Gospel of John*, 633。

20 “...even in postexilic Judaism, the concept of Messiah remained fluid,” Edwards, *From Christ to Christianity*, 122.

21 “Jewish expectation concerning eschatology in general varied considerably... just hope for peace, others sought revolt...,” Keener, *The Gospel of John*, vol. 1, 289.

22 “...Jesus transforms these expectations by what he says and does,” I. Howard Marshall, “Jesus as Messiah in Mark and Matthew,” in *The Messiah in the Old and New Testament*, ed. Stanley E. Porter (Grand Rapids: Eerdmans, 2007), 117.

23 Novenson, “Jesus the Messiah,” 112.

24 Ford, *The Gospel of John*, 19.

25 參張永信：《約翰一二三書》，頁 37～38。

**第 17 章**

1 詳參 Ford, *The Gospel of John*, 416～443。

2 留意路加福音一章 1 節作者表示坊間已有不少人提筆作書，記述耶穌的事迹。

3 “...stem from an accurate memory of a careful count on the occasion,” Craig S. Keener, *The Gospel of John: A Commentary*, vol. 2 (Grand Rapids: Baker, 2003), 1233.

4 此言可能暗示，坊間已有很多寫耶穌的書，其中如馬可福音等，他本人已看過。

5 “Much of the discussion surrounding the meaning of Word ... has centered upon its background,” Klink, *John* 87.

6 “...rational principle by which everything exists,” D. A. Carson, *The Gospel According to John* (Leicester: Apollos, 1991), 114.

7 即 *philia* 加上 *sophia* 而成。

8 “...the impersonal principle governing the universe,” Köstenberger, *John*, 26.

9 “Word has appeared as an actual person,” Köstenberger, *John*, 25.

10 “...we can assume it would have resonated with both Jews and gentiles,” Klink, *John*, 88.

11 “John 1 is self-consciously written to imitate Genesis 1.” Derek Tidball, “Completing the Circle: The Resurrection According to John,” *Evangelical Review of Theology* 30 no.2 (2006): 172；又 Andreas J. Köstenberger, *Encountering John* (Grand Rapids: Baker, 1999), 52 的解釋。

12 “...deliberate effort to echo the opening words of the Hebrew Bible by the phrase in

the beginning," Köstenberger, *John*, 27.

13 道就是神意即道的存在，是"...outside the limits of time and place, neither of which existed *en archē*," Moloney, *The Gospel of John*, 35。

14 "...an explicit connection, a continuation, even development with the Old Testament is being presented," Klink, *John, 86*.

15 Köstenberger, *John*, 25.

16 "...not removed and indifference, for he reveals himself," Klink, *John, 86*；又 Morris, *The Gospel According to John*, 66。

17 Michaels, *The Gospel of John*, 21.

18 "God's ultimate self-disclosure," Klink, *John*, 89.

19 Craig A. Evans, *From Jesus to the Church: The First Christian Generation* (Louisville: WJK, 2014), 148.

20 "God can achieve... by his divine power rather than by a disgraceful humiliation into human weakness in the supposed incarnation of Jesus Christ?," Edwards, *From Christ to Christianity*, 128.

21 住（*skēnoō*）本意是搭帳棚，其使人聯想起摩西所建的會幕；詳參 Morris, *The Gospel According to John*, 91～92。

22 "...do for humanity what humanity could not be and do for itself," Edwards, *From Christ to Christianity*, 128.

## 第 18 章

1 參 A. D. Nock, *Conversion: The Old and the New in Religion from Alexander the Great to Augustine of Hippo* (London: Oxford University Press, 1933), 192～193, 210～211, 241。

2 "John wrote for an oral reading, so the narrator as the reader, the one who takes on the role of the narrator by reading the words supplied by the author," Brant, *John*, 7.

3 "Our goal is to participate with him as we read, to become a member of his theatrical audience and enjoy and understand what he attempted to do when he wrote this Gospel," Burge, *Interpreting the Gospel of John*, 98.

4 故復活主與之前的祂，有著其持續性和非持續性。

5 詳參 Köstenberger, *John*, 596；Moloney, *The Gospel of John*, 559。

6 " ...in order to convey a solemn obligation, " Köstenberger, *John*, 597.

7 Morris, *The Gospel According to John*, 768.

8 Raymond E. Brown, *The Gospel According to John XIII ～XXI* (Garden City: Doubleday, 1970), 1118.

9 " ...a love of total attachment and exclusive service, " Köstenberger, *John*, 597.

**第 21 章**

1 詳參 J. Scott Duvall, *Revelation* (Grand Rapids: Baker, 2014), 1～2。

2 "The Revelation of John presents to its readers a scenario that describes the oppression and persecution of the early Christian communities..., " Paul B. Duff, " I will Give to Each of You as Your Works Deserves, " *NTS* 43 (1997): 116～133.

3 Buist M. Fanning, *Revelation* (Grand Rapids: Zondervan, 2020), 31～58.

4 D. S. Russell, *Divine Disclosure: An Introduction to Jewish Apocalyptic* (Minneapolis: Fortress, 1992), 6；*NIDNNT*, 3:312～316.

5 " The use of symbolism is a distinctive mark of apocalyptic literature, " Philip E. Hughes, *The Book of the Revelation* (Downers Grove: IVP, 1990), 8.

6 Andreas J. Köstenberger and Peter T. O'Brien, *Salvation to the Ends of the Earth* (Downers Grove: IVP, 2001), 249.

7 見孫寶玲：《啟示錄：萬主之主》(香港：明道社，2007)，頁 19～22。

8 詳參 Duvall, *Revelation*, 2～3, 5～6。

9 R.T. France, *The Gospel of Mark* (Grand Rapids: Eerdmans, 2002), 11.

10 即 *ekplēssō*；意為 " make an overwhelming impression on "，見 *GAGNT*, 21。

11 詳參張永信：《馬太福音注釋》，上冊，頁 496～500。

12 參張永信：《馬可福音》，卷上，頁 24。

13 Douglas J. Moo, *Galatians* (Grand Rapid: Baker, 2013), 182.

14 James Scott, *Domination and the Arts of Resistance: Hidden Transcripts* (New Haven: Yale University Press, 1990), 8.

15 Margaret Froelich, *Jesus and the Empire of God: Royal Language and Imperial Ideology in the Gospel of Mark* (London: T&T Clark, 2022), 13.

16 " Parody is one literary device that has received attention in the character study of the Apocalypse, " David Ray Johnson, " The Image of the Beast as a Parody of the Two

Witnesses," *NTS* 68 (2022): 344.

17 馬克·吐溫只是他的筆名，原名叫 Samuel Clemens。

## 第 22 章

1 Duvall, *Revelation*, 1.

2 即主位所有格(subjective genitive)。

3 留意序言出現了啟示、預言及書信此三項，可見啟示錄是集啟示文體、先知預言及書信三種文體於一身；G. R. Beasley-Murray, *Revelation* (Grand Rapids: Eerdmans, 1974), 12。

4 也許，在啟示錄中，尤其是二十二章，我們難於辨識，啟示是來自天使，還是主耶穌，還是父神；因為啟示其實是來自三者；G. K. Beale, *The Book of Revelation* (Grand Rapids: Eerdmans, 1999), 183。

5 即主位所有格(subjective genitive)。

6 詳參 Steven M. Baugh, "On the Syntax of 1 John 2:8," *WTJ* 84 (Spring 2022): 39～50。

7 參 Duvall, *Revelation*, 21。

## 第 23 章

1 詳細的討論見 Peter J. Leithart, *Revelation 1～11* (London: Bloomsbury T&T Clark, 2018), 108。

2 對於在啟示錄中，作者因著聖靈而進入異象中的另類看法見 R. L. Jeske, "Spirit and Community in the Johannine Apocalypse," *NTS* 31 (1985): 452～466。

3 關於作者在形容人子上如何取材見Christopher Rowland, "The Vision of the Risen Christ in Rev 1:13ff," *JTS* 21 (1980): 1～11。

4 拿著原文 *krateō*，參張永信：《啟示錄注釋》(香港：宣道，1990)，頁 71。

5 關於這一句的研究見 J. R. Michael, "Revelation 1.19 and the Narrative Voices of the Apocalypse," *NTS* 37 (1991): 604～630。

6 可稱為 John's commission；Leithart, *Revelation 1～11*, 118。

7 詳參 Fanning, *Revelation*, 115～116；*ABD* 2:542～549。

8 其也可能是指愛神和愛人，見 Duvall, *Revelation*, 42～43。

9 這裏的回想也是命令語態，見 Grant R. Osborne, *Revelation* (Grand Rapids: Baker, 2022), 116～117。

10 “...the church was fighting for its life against the loss of its status before God,” Osborne, *Revelation*, 118～119.

11 **悔改**（*metanoeō*）意為“involves a turning to godly conduct”；參 Fanning, *Revelation*, 119；見 *TDNT*, 4:1003～1004。

12 人口約二十五萬。

**第 24 章**

1 Angelos Chaniotis, “The Divinity of Hellenistic Rulers,” in *A Companion to the Hellenistic World*, ed. Andrew Erskine (Malden: Blackwell, 2003), 431～432.

2 公元前二世紀中葉，他征服了北非的迦太基，被譽為征服非洲者。

3 “...the king provides the citizens as if they were his children, and is eager to protect them,” Froelich, *Jesus and the Empire of God*, 41.

4 Froelich, *Jesus and the Empire of God*, 29.

5 引自 Fergus Millar, *The Emperor in the Roman World* (London, Duckworth, 1992), 641。

6 Millar, *The Emperor in the Roman World*, 641.

7 Millar, *The Emperor in the Roman World*, 641.

8 孫寶玲：《啟示錄》，頁 29。

9 關於聖靈的重要性見 Michael Kuykendall, “An Expanded Role for the Spirit in the Book of Revelation,” *Journal of the Evangelical Theological Society* 64 no.3 (2021): 527～544。

10 見 Duvall, *Revelation*, 83。

11 “All attention focuses on Christ, who now reigns,” Craig R. Koester, *Revelation* (New Haven: Yale University Press, 2014), 350.

12 William Hendriksen, *Exposition of Pastoral Epistles* (Grand Rapids: Baker, 1957), 103～104.

13 “Worship is the proper response to all that God has done for us,” Duvall, *Revelation*, 99.

14 見：賽十一 1～2。

15 “...God is on his throne and that Jesus, not Caesar, is Lord of all,” Duvall, *Revelation*, 4.

16 詳參 Koester, *Revelation*, 445～447。

17 留意 Duvall, *Revelation*, 122～123 所簡述的，宣教士賈德森（Adoniram Judson,

1788～1850）的生平事迹。其多番受苦，一度失去信心，但終成就了福音工作的豐功偉績。

### 第 25 章

1 詳參 Osborne, *Revelation*, 493～495。

2 "...so both the beast and the dragon become the object of worship in the last day," Paige Patterson, *Revelation* (Nashville: B&H, 2012), 276.

3 "...that pressure from the marketplace will affect people's religious loyalties," Koester, *Revelation*, 604.

4 "...to identify their allegiance to the Antichrist," Osborne, *Revelation*, 516～517.

5 "...everyone belongs to God or God's adversary," Koester, *Revelation*, 604.

6 Frank E. Gaebelein, ed., *The Expositor's Bible Commentary*, vol. 12 (Grand Rapids: Zondervan, 1981), 479 啟示錄部分（Alan F. Johnson 撰）。

7 參張永信：《啟示錄注釋》，頁 25～26。

8 見 George Eldon Ladd, *A Commentary on the Revelation of John* (Grand Rapids: Eerdmans, 1972), 116；Robert Mounce, *The Book of Revelation* (Grand Rapids: Eerdmans, 1977), 164。

### 第 26 章

1 一張婦人坐著獸的圖像，畫工精巧，栩栩欲活，甚有參考價值的圖像，見 Koester, *Revelation*, 639。

2 "With its world dominion," Jürgen Roloff, *Revelation*, trans. John E. Alsup and James S. Currie (Minneapolis: Fortress, 1993), 196.

3 反映其乃上流社會人士，參 Grant R. Osborne, M. Robert Mullholland, Jr., and Philip Wesley Comfort, James, *1～2 Peter, Jude, Revelation* (Carol Streams: Tyndale, 2011), 553 啟示錄部分（M. Robert Mullholland, Jr. 撰）。

4 Fanning, *Revelation*, 440.

5 耶穌亦然，見：太二十三 37～39；可稱為 Doom Song。

6 "...long process of mutual assistance between Rome and its allies...rather than deliberate 'world conquest' per se...," Froelich, *Jesus and the Empire of God*, 62.

7 Allen D. Callahan, "Apocalypse as Critique of Political Economy: Some Notes on

Revelation 18," *Horizons in Biblical Theology* 21 (1999): 46～65.

8 即 *ou mē*。

9 引自古埃及安東尼等：《沙漠教父言行錄》，本尼迪克塔．沃德英譯、陳廷忠中譯（北京：三聯書店，2012），頁 13。

**第 27 章**

1 "...hallelujah chorus," Luther Poellot, *Revelation* (St. Louis: Concordia, 1962), 240；又 Brian K. Blount, *Revelation: A Commentary* (Louisville: WJK, 2009), 338。

2 "Zechariah prophecy is finally to be surpassed here," Roloff, *Revelation*, 217.

3 Beale, *The Book of Revelation*, 951.

4 "Only God's triumph, executed by the Lamb, is real," Blount, *Revelation*, 349.

5 詳見 Froelich, *Jesus and the Empire of God*, 66。

6 關於萬王之王，萬主之主的研究見 G. K. Beale, "The Origin of the Title 'King of Kings and Lord of Lords' in Revelation 17.14," *NTS* 31 (1985): 618～620。

7 詳參 Beale, *The Book of Revelation*, 967～968 的描述。

**第 28 章**

1 見 Paul A. Rainbow, "Millennium as Metaphor in John's Apocalypse," *WTJ* 58 (Fall 1996): 209～217。

2 詳參張永信：《啟示錄注釋》，頁 341～346 對各學派的巡禮。

3 見：賽二 2，十一 6～10，十九 23～25，二十四 21～23，六十二 1～12 等。

4 詳見 C. Homer Giblin, S.J., "The Millennium (Rev. 20:4～6) as Heaven," *NTS* 45 (1999): 553～570。

5 精要的討論見 Duvall, *Revelation*, 133；關於啟示錄中出現的數目字及用意，見頁 163。

6 "...the focus should be on the millennium itself, but on its function as a reward for those...," Blount, *Revelation*, 367.

7 另一近似的看法："...is the final act of a gracious God to appeal to the fallen hearts in terms of what is to be like to live under his compassionate rule," Patterson, *Revelation*, 356。

8 其當然是指身體復活："The bodily resurrection of all believers at the return of

Christ is now labelled ‘the first resurrection’," Duvall, *Revelation*, 270；如無千禧年人士所認為的，是屬靈性的，即重生；見張永信：《啟示錄注釋》，頁 286。

9 "Revelation is unusual in dividing the future resurrection into two stages," Koester, *Revelation*, 786.

## 第 29 章

1 Duvall, *Revelation*, 270.

2 詳參張永信：《新約深度行》，頁 475～476 的討論。

3 見Paul R. Williamson, *Death and the Afterlife: Biblical Perspectives on Ultimate Questions* (Downers Grove: IVP, 2017) 的討論。

4 "...it will be a renewed material world," Duvall, *Revelation*, 301.

5 "...the new cosmos will be an identifiable counterpart to the old cosmos and a renewal of it, just as the body will be raised without losing its former identify," Blount, *Revelation*, 376.

## 第 30 章

1 Blount, *Revelation*, 399.

2 啟示錄二章 13 節的撒但座位，座位原文應作寶座。

3 見：啟十六 13、16。

4 "The exaltation of the city in the new age...with the acknowledgement by the nations in true worship," Beasley-Murray, *Revelation*, 308；留意有一說法，指出新耶路撒冷，其實便是千禧年的國度；詳參 Paul M. Hoskins, "The New Jerusalem as the Beloved City of the Millennium in Revelation 20," *Trinity Journal* 42 no.2 (2021): 151～166。

5 "...inaugurates the fulfilment of God's original creation mandate in Genesis 1:26," Duvall, *Revelation*, 271.

6 詳見張永信：《啟示錄注釋》，頁 304。

7 詳參 Beale, *Revelation*, 1131～1134。

8 留意公元一三二至一三五年有一猶太人，名叫 Simon bar Kosiba，自命便是 Bar Kokhba（星之子），是那要來的彌賽亞，引發另一場革命，卻湮沒在羅馬的圍攻中。

9 Richard Bauckham, *The Climax of Prophecy: Studies in the Book of Revelation* (Edinburgh:

T&T Clark, 1993), 324～325.

10 又張永信：《啟示錄注釋》，頁 321～322 的討論。

11 一如彼得後書三章 15 至 16 節所言。

12 朱自清：《背影》（南京：江蘇人民出版社，2015），頁 115。

13 詳見張永信：《啟示錄注釋》，頁 325。

14 另一個解法見 Blount, *Revelation*, 416。

**後記**

1 見上文的討論。

2 "Believers are pilgrims and resident aliens...," Köstenberger et al., *Salvation to the Ends of the Earth*, 250.